BENEDIKT XVI.

LIEBE IN WAHRHEIT
CARITAS IN VERITATE

DIE SOZIALENZYKLIKA

BENEDIKT XVI.

LIEBE IN WAHRHEIT
CARITAS IN VERITATE

Enzyklika von Papst Benedikt XVI.
an die Bischöfe
an die Priester und Diakone
an die Personen gottgeweihten Lebens
an die Christgläubigen Laien
und an alle Menschen guten Willens
über die ganzheitliche Entwicklung
des Menschen in der Liebe
und in der Wahrheit

Sankt Ulrich Verlag

Bibliographische Information der Deutschen Bibliothek

Die Deutsche Bibliothek verzeichnet diese Publikation in der Deutschen Nationalbibliographie; detaillierte bibliographische Daten sind im Internet über http://dnb.ddb.de abrufbar.

Umschlagbild: Stefano Spaziani
Umschlaggestaltung: uv media werbeagentur,
Mediengruppe Sankt Ulrich Verlag, Augsburg
Druck und Bindung: Freiburger Graphische Betriebe GmbH
Printed in Germany
ISBN: 978-3-86744- 072–1
www.sankt-ulrich-verlag.de

LIEBE IN WAHRHEIT

Eine Hinführung zur Enzyklika *Caritas in veritate*

von Paul Josef Kardinal Cordes

„Liebe in Wahrheit“ ist die lang erwartete Sozialenzyklika Benedikts XVI. Hatte der Papst schon in seinem ersten Lehrschreiben *„Deus caritas est* – Gott ist die Liebe“ originelle und tiefgreifende Anregungen zum kirchlichen Einsatz für die Würde des Menschen gegeben, so widmet sich das neue Dokument ausschließlich der Soziallehre. Dabei haben beide Texte die „Caritas/Liebe“ als ihren Zentralbegriff. Das ist kein Zufall: Es kennzeichnet grundsätzlich die Verkündigung des römischen Bischofs und seine Sicht des Kampfes gegen Elend und Not in der Welt.

Erwartungsgemäß verankert der Papst die von ihm an den Anfang gestellte „Liebe“ wie in seinem ersten Lehrschreiben in der Heilsgeschichte. Sie gründet in der göttlichen Liebe, die in Christus Gestalt angenommen hat. Hier liegt die Inspirationsquelle für Handeln und Denken des Christen in der Welt. In

Paul Josef Kardinal Cordes ist Präsident des Päpstlichen Rates *Cor unum,* der die caritativen Absichten des Papstes in die Tat umzusetzen und in seinem Namen der Welt kirchlichen Helfens weltweit geistliche Impulse zu vermitteln hat.

ihrem Licht wird die Wahrheit ein „Geschenk (...) das nicht von uns erzeugt, sondern immer gefunden, oder besser, empfangen" wird (Nr. 34). Sie kann nicht reduziert werden auf ein schlichtes gegenseitiges Wohlwollen oder auf die Philanthropie.

Die Soziallehre innerhalb der kirchlichen Sendung

Es ist nicht Aufgabe der Kirche, eine gerechte Gesellschaft zu schaffen

Die Kirche ist von Christus begründet worden, um Sakrament des Heils für alle Völker zu sein (Zweites Vatikanisches Konzil, Konstitution *Lumen gentium*, 1). Ihrer spezifischen Mission steht ein verbreitetes Mißverständnis entgegen: Mancher ist geneigt, sie als irdische Institution zu sehen bis hin zu dem Punkt, sie zu einem politischen Handlungsträger zu verformen. Die Kirche inspiriert, aber sie macht keine Politik. Mit Rückgriff auf die Enzyklika *Populorum progressio* von Papst Paul VI. stellt die vorliegende Enzyklika klar und deutlich fest: „Die Kirche hat keine technischen Lösungen anzubieten und beansprucht keineswegs, sich in die staatlichen Belange einzumischen" (Nr. 9). Die Kirche ist keine politische Partei und auch kein Akteur, der politische Mittel einsetzt. Keinesfalls darf die Mission der Kirche auf eine innerweltliche *Pressure Group* mit politischen Belangen reduziert werden. Kardinal Joseph Ratzinger selbst ist als Präfekt der Glaubenskongregation in der Auseinandersetzung mit bestimmten Formen der Befreiungstheologie diesem möglichen Irrtum entgegengetreten (*Instructio* vom 6. August 1984).

Das bedeutet wiederum, daß die Soziallehre der Kirche keinen „dritten Weg" darstellt; sie hat kein politisches Programm, dessen Realisierung zu einer perfekten Gesellschaft führte. Wer sie so versteht, läuft paradoxerweise Gefahr, einem „Gottesstaat" Vorschub zu leisten, bei dem die gültigen Glaubensprinzipien kurzerhand zu Prinzipien für das menschliche Zusammenleben würden, anzuwenden gleichermaßen auf Gläubige wie Nichtgläubige unter Einschluß von Gewaltanwendung. Angesichts solcher Thesen plädiert die Kirche für die Religionsfreiheit und die rechte Autonomie der Schöpfungsordnung, entsprechend der Lehre des Zweiten Vatikanischen Konzils.

Die Soziallehre der Kirche ist ein Element der Evangelisierung

In positiver Hinsicht erläutert die Enzyklika *Caritas in veritate* die Bedeutung der Soziallehre für die kirchliche Sendung, wenn etwa ausgehend von *Populorum progressio* der Zusammenhang von Evangelisierung und menschlichem Fortschritt behandelt wird (Nr. 15). Während der Hauptakzent der Soziallehre bislang eher die Verbreitung von Gerechtigkeit anzielte, kommt durch sie jetzt die Pastoral im weitesten Sinn in den Blick: Die Soziallehre wird als Element der Evangelisierung herausgestellt. Das heißt, die Verkündigung des Todes und der Auferstehung Christi, die die Kirche seit Jahrhunderten übt, erfährt ihre Aktualität auch im Hinblick auf das soziale Leben.

Diese Feststellung beinhaltet zwei Aspekte: Wir können die Soziallehre nicht unabhängig vom Kontext des Evangeliums und seiner Verkündigung lesen. Die Soziallehre entsteht, wie diese Enzyklika zeigt, im Licht der Offenbarung und muß auch in diesem Licht interpretiert werden.

Andererseits läßt sich die Soziallehre nicht mit der Evangelisierung gleichsetzen, sondern sie ist nur eines ihrer Elemente. Das Evangelium betrifft das menschliche Leben auch hinsichtlich der sozialen Beziehungen und meint auch die Institutionen, die aus diesen Beziehungen entstehen; aber man kann den Menschen nicht auf sein Sozialleben allein reduzieren. Dieser Gedanke wurde von Johannes Paul II. in der Enzyklika *Redemptoris missio* mit Nachdruck herausgestellt (Nr. 11). Folglich umfaßt die Verkündigung des Evangeliums von Mensch zu Mensch mehr als die Soziallehre der Kirche.

Die Soziallehre: nicht ohne die Offenbarung

Ein kurzer historischer Überblick: Angesichts der Industrialisierung im 19. Jahrhundert und ihrer unheilvollen Auswirkungen hat die Kirche mit ihren Appellen dringend ein Eingreifen des Staates gefordert, um mit naturrechtlicher Argumentation die soziale Gerechtigkeit und die Würde der Person einzuklagen. In der Enzyklika *Pacem in terris* befaßte sich Papst Johannes XXIII. später stärker mit dem Horizont des Glaubens und sprach von der Sünde und ihrer Überwindung durch die Kraft göttlichen Heils. Johannes Paul II. führte dann den Ausdruck „Strukturen der Sünde" ein und wandte das Heilsgeschehen auch auf den Kampf gegen menschliches Elend in all seinen Formen an. Seine Enzyklika *Sollicitudo rei socialis* hat die Sozialehre in die Moraltheologie eingefügt: „Sie gehört daher nicht in den Bereich der Ideologie, sondern der Theologie, insbesondere der Moraltheologie" (Nr. 41). Von da an bewegt sich die Soziallehre eindeutig in den Bereich der Theologie hinein. Die Prinzipien der Soziallehre sind also nicht länger rein philosophischer Natur, sondern haben ihren Ursprung in Christus und in seinem Wort. In *Deus caritas est* schreibt Benedikt XVI., daß der Glaube die Vernunft reinigt und ihr so hilft, eine gerechte Ordnung in der Gesellschaft zu errichten (Nr. 28a); hier ist die Soziallehre zu verorten. Sie stützt sich also auf einen jeder Vernunft zugänglichen Diskurs und daher auf das Fundament des Naturrechts. Aber sie anerkennt auch die Abhängigkeit von der Glaubenswahrheit.

Der vorliegende Lehrtext übernimmt die Glaubenssicht expliziter und entschiedener als seine Vorläufer und stellt die Problematik in das Licht der *Caritas,* der Liebe. Er lehrt, daß „die Liebe der Hauptweg der Soziallehre der Kirche" ist (Nr. 2). Die hier gemeinte Liebe ist von Gott „empfangen und geschenkt" (Nr. 5). Die Liebe des Vaters, des Schöpfergottes, und des Sohnes, des Erlösers, uns eingegossen durch den Heiligen Geist, ermöglicht das Gemeinschaftsleben des Menschen auf der Grundlage bestimmter Prinzipien. Die Enzyklika hält für die Entwicklung des Menschen fest, daß *„die Liebe im Zentrum* steht" (Nr. 19). Die Weisheit, heißt es weiter, die fähig ist, den Menschen zu leiten, „muß mit dem ‚Salz' der Liebe ‚gewürzt' sein" (Nr. 30). Diese einfachen – und selbstverständlich erscheinenden – Feststellungen erhalten wichtige Implikationen: Losgelöst von der christlichen Erfahrung, wird die Soziallehre genau jene Ideologie, die Johannes Paul II. als irrig abgelehnt hat. Oder sie wird gar ein politisches Manifest ohne Seele. Die Soziallehre verpflichtet den Christen hingegen vor allem andern, seinen Glauben zu „verleiblichen". So heißt es in der Enzyklika: „Die Nächstenliebe offenbart auch in den menschlichen Beziehungen immer die Liebe Gottes; diese verleiht jedem Einsatz für Gerechtigkeit in der Welt einen theologalen und heilbringenden Wert" (Nr. 6). Auf die oft gestellte Frage: „Welchen Beitrag leistet der Christ zur Errichtung der Welt?" gibt die Soziallehre der Kirche die Antwort.

Anthropozentrische Annäherung

Das Herz der Soziallehre bleibt der Mensch. Ich habe schon darauf hingewiesen, daß die Aufmerksamkeit dieser Disziplin in einer ersten Phase vor allem auf die Problemlagen der Gesellschaft gerichtet war: Regelung der Arbeit, Zugang zu einem gerechten Lohn, Vertretung der Arbeiter. Später wurden die Probleme angegangen, die sich international auftun: das Ungleichgewicht zwischen Arm und Reich, die Entwicklung, die internationalen Beziehungen.

Mit der theologischen Akzentsetzung bei Johannes XXIII. rückt die Frage stärker in den Mittelpunkt, was das alles für den Menschen bedeutete – damit sind wir in einer zweiten Entwicklungsphase dieser Disziplin. Johannes Paul II. hat solches Bewußtsein noch weiter geschärft, indem er die Reflexion über die soziale Frage auf das anthropologische Problem hin ausgerichtet hat. Seine Perspektive ist deutlich erkennbar in dem vorliegenden Dokument: *„Das erste zu schützende und zu nutzende Kapital ist der Mensch, die Person in ihrer Ganzheit"* (Nr. 25); *„die soziale Frage ist in radikaler Weise zu einer anthropologischen Frage geworden"* (Nr. 75). Ein Fortschritt, der diesen Namen verdient, muß daher den Menschen in seiner Ganzheit wachsen lassen: Wir finden in dem Text Hinweise auf die Umwelt, den Markt, die Globalisierung, die Frage der Ethik, das Leben, die Kultur, das heißt auf die unterschiedlichsten Bereiche, in denen der Mensch tätig ist. Diese Ziele aufzuzeigen, ist ein kostbares Erbe der Soziallehre seit ihren Anfängen.

Bei längeren Nachdenken impliziert die anthropologische Frage jedoch, daß man sich auch dem zentralen Problem stellen muß: Welchen Menschen wollen wir fördern? Können wir eine Entwicklung als förderlich ansehen, die den Menschen in einen innerweltlichen Horizont einschließt, bestehend nur aus materiellem Wohlstand; die die Frage der Werte, des Sinns, des Unendlichen ausläßt, zu dem der Mensch berufen ist? Kann eine Gesellschaft überleben ohne tragfähige Grundlagen, ohne Blick auf die Ewigkeit, ohne dem Menschen eine Antwort zu geben auf seine tiefsten Fragen? Kann es wahre Entwicklung geben ohne Gott?

In der Logik dieser Enzyklika tritt nun ein weiterer Schritt hervor – wohl eine dritte Phase in den Überlegungen zur Soziallehre. Es ist kein Zufall, daß sich die Liebe als des Rätsels Lösung erweist, nämlich die göttliche Liebe, auf die beim Menschen eine theologale Tugend antwortet. Der Mensch stellt sich nicht nur als Objekt eines Prozesses dar, sondern er wird Subjekt dieses Prozesses: Der Mensch, der Christus kennengelernt hat, arbeitet aktiv an der Veränderung mit, damit alle katholische Soziallehre nicht totes Papier bleibt. Benedikt XVI. schreibt: *„Ohne rechtschaffene Menschen, ohne Wirtschaftsfachleute und Politiker, die in ihrem Gewissen den Aufruf zum Gemeinwohl nachdrücklich leben, ist die Entwicklung nicht möglich“* (Nr. 71). Hier sehen wir eine direkte Kontinuität zur Enzyklika *Deus caritas est*, die in ihrem zweiten Teil auch auf die Eigenschaften der Menschen eingeht, die in caritativen Einrichtungen arbeiten. Und der Blick weitet sich auf die Welt des öffentlichen Lebens hin, bei dem wir oft, im Norden und im Süden, allseits bekannte Phänomene beobachten, die das Wachstum eines Volkes verhindern: Korruption und Illegalität (Nr. 22), der Hunger nach Macht (*Deus caritas est*, 28). Die „Ursünde“, so erinnert der Text in der Nummer 34, verhindert vielerorts den Aufbau der Gesellschaft; sie verführt auch die, die in der Gesellschaft besondere Verantwortung haben. Man kann die soziale Frage nicht lösen, ohne sich auf die ethische Frage zu beziehen. Die Enzyklika erwähnt den neuen Menschen im biblischen Sinn (Nr. 12): Es gibt keine neue Gesellschaft ohne „neue Menschen". Die Soziallehre bleibt nur dann nicht Papier oder Ideologie, wenn Christen bereit sind, diese mit Gottes Hilfe aus der Nächstenliebe heraus zu leben. Sie erwartet Authentizität von seiten aller Akteure. Benedikt XVI. formuliert ohne Umschweife: „Fern von Gott ist der Mensch unstet und krank" (Nr. 76). Es ist höchst bemerkenswert, daß die letzte Ziffer der Enzyklika (Nr. 79) dem Gebet und der Notwendigkeit der Umkehr gewidmet ist: Gott erneuert das Herz des Menschen, damit dieser sich einem Leben in Liebe und Gerechtigkeit widmen kann. Deshalb stehen die Christen auch nicht einfach am Fenster und schauen zu oder protestieren, angesteckt von der modernen „Kultur des Einspruchs", sondern lassen sich bekehren, um in Gott eine neue Kultur zu gestalten. Das gilt auch für die Mitglieder der Kirche, als einzelne oder in Gemeinschaft.

Der Fortschritt

Abschließend möchte ich noch die Vorstellung des Dokuments vom Fortschritt ansprechen. Paul VI. – auch daran erinnert diese Enzyklika – hat ihn in deutlichen Worten behandelt (*Populorum progressio*, 21). Leider wurde oft behauptet, daß die menschliche Entwicklung unabhängig sei von der Frage des Glaubens, daß es also auf der einen Seite den menschlichen Fortschritt und andererseits die Verkündigung des Glaubens als je getrennte Bereiche gebe. Aber in *Populorum progressio* kulminiert der Fortschritt, christlich verstanden, im Glauben an Christus und in der Liebe zu ihm. Über die Vereinigung der beiden Dimensionen hinaus, führt dieses Dokument ein weiteres Element in den Begriff des Fortschritts ein: die Hoffnung (Nr. 34).

Wie Benedikt XVI. in seiner Enzyklika „Über die Hoffnung" – *Spe salvi* betonte, kann die Hoffnung jedoch nicht auf einen Fortschritt gerichtet sein, der auf Erden für immer ein Reich des Wohlstands errichten will (Nr. 30), weil dies die menschliche Freiheit unberücksichtigt ließe: Die Grundlage der christlichen Hoffnung ist hingegen Gottes Gnade. Die Hoffnung hilft uns also, den Fortschritt nicht einzuengen auf die Errichtung eines diesseitigen Reiches Gottes, sondern sie öffnet uns für das Ewige: In Gott findet die Sehnsucht des Menschen nach dem Guten ihre Krönung. Genau in diesem Beziehungsgefüge formuliert die Kirche ihre Soziallehre. Und die Christen finden in ihr die Inspiration für ihren Einsatz in dieser Welt.

Das Interesse an der Enzyklika *Caritas in veritate* ist groß. Aufmerksam gelesen stellt der Text Benedikts XVI. ein Licht für die Gesellschaft dar und nicht zuletzt für uns Christen.

Inhalt

Einleitung

1 CARITAS IN VERITATE – die Liebe in der Wahrheit, die Jesus Christus mit seinem irdischen Leben und vor allem mit seinem Tod und seiner Auferstehung bezeugt hat, ist der hauptsächliche Antrieb für die wirkliche Entwicklung eines jeden Menschen und der gesamten Menschheit. Die Liebe – „*caritas*" – ist eine außerordentliche Kraft, welche die Menschen drängt, sich mutig und großherzig auf dem Gebiet der Gerechtigkeit und des Friedens einzusetzen. Es ist eine Kraft, die ihren Ursprung in Gott hat, der die ewige Liebe und die absolute Wahrheit ist. Jeder findet sein Glück, indem er in den Plan einwilligt, den Gott für ihn hat, um ihn vollkommen zu verwirklichen: In diesem Plan findet er nämlich seine Wahrheit, und indem er dieser Wahrheit zustimmt, wird er frei (vgl. Joh 8,22). Die Wahrheit zu verteidigen, sie demütig und überzeugt vorzubringen und sie im Leben zu bezeugen, sind daher anspruchsvolle und unersetzliche Formen der Liebe. Denn diese „freut sich an der Wahrheit" (1 Kor 13,6). Alle Menschen spüren den inneren Impuls, wahrhaft zu lieben: Liebe und Wahrheit weichen niemals gänzlich von ihnen, denn sie sind die Berufung, die Gott ins Herz und in den Geist eines jeden Menschen gelegt hat. Jesus Christus reinigt und befreit die Suche nach der Liebe und der Wahrheit von unseren menschlichen Armseligkeiten und offenbart uns vollends

die Initiative der Liebe und den Plan eines wahren Lebens, das Gott für uns vorbereitet hat. Die *Liebe in der Wahrheit* wird zum Gesicht Christi; und in Christus wird sie zur Berufung für uns, unsere Mitmenschen in der Wahrheit seines Planes zu lieben. Er selbst ist ja die Wahrheit (vgl. Joh 14,6).

2 Die Liebe ist der Hauptweg der Soziallehre der Kirche. Jede von dieser Lehre beschriebene Verantwortung und Verpflichtung geht aus der Liebe hervor, die nach den Worten Jesu die Zusammenfassung des ganzen Gesetzes ist (vgl. Mt 22,36–40). Sie verleiht der persönlichen Beziehung zu Gott und zum Nächsten einen wahren Gehalt; sie ist das Prinzip nicht nur der Mikro-Beziehungen – in Freundschaft, Familie und kleinen Gruppen –, sondern auch der Makro-Beziehungen – in gesellschaftlichen, wirtschaftlichen und politischen Zusammenhängen. Für die Kirche ist – vom Evangelium her – die Liebe alles, denn, wie uns der heilige Johannes lehrt (vgl. 1 Joh 4,8.16) und ich in meiner ersten Enzyklika in Erinnerung gerufen habe: „Gott ist Liebe" *(Deus caritas est): Aus der Liebe Gottes geht alles hervor, durch sie nimmt alles Gestalt an, und alles strebt ihr zu.* Die Liebe ist das größte Geschenk, das Gott den Menschen gemacht hat, sie ist seine Verheißung und unsere Hoffnung.

Ich weiß um die Entstellungen und die Sinnentleerungen, denen die Liebe ausgesetzt war und ist, mit der entsprechenden Gefahr, daß sie mißverstanden, aus der ethischen Lebenspraxis ausgeschlossen und in jedem Fall daran gehindert wird, in rechter Weise zur Geltung zu kommen. Im gesellschaftlichen, rechtlichen, kulturellen, politischen und wirtschaftlichen Bereich, also in den Zusammenhängen, die für diese Gefahr am anfälligsten sind, wird die Liebe leicht als unerheblich für die Interpretation und die Orientierung der moralischen Verantwortung erklärt. Daher ist es notwendig, die Liebe und die Wahrheit nicht nur in der vom heiligen Paulus angegebenen Richtung der *„veritas in caritate"* (Eph 4,15) miteinander zu verbinden, sondern auch in der entgegengesetzten und komplementären von *„caritas in veritate"*. Die Wahrheit muß in der „Ökonomie" der Liebe gesucht, gefunden und ausgedrückt werden, aber die Liebe muß ihrerseits im Licht der Wahrheit verstanden, bestätigt und praktiziert werden. Auf diese Weise werden wir nicht nur der von der Wahrheit erleuchteten Liebe einen Dienst erweisen, sondern wir werden auch dazu beitragen, daß sich die Wahrheit glaubwürdig erweist, indem wir ihre Authentizität und ihre Überzeugungskraft im konkreten gesellschaftlichen Leben deutlich machen. Das ist heute von nicht geringer Bedeutung in einem sozialen und kulturellen Umfeld, das die Wahrheit relativiert und ihr gegenüber oft gleichgültig und ablehnend eingestellt ist.

3 Wegen dieser engen Verbindung mit der Wahrheit kann die Liebe als authentischer Ausdruck des Menschseins und als ein Element von grund-

legender Bedeutung in den menschlichen Beziehungen – auch im öffentlichen Bereich – erkannt werden. *Nur in der Wahrheit erstrahlt die Liebe* und kann glaubwürdig gelebt werden. Die Wahrheit ist ein Licht, das der Liebe Sinn und Wert verleiht. Es ist das Licht der Vernunft wie auch des Glaubens, durch das der Verstand zur natürlichen und übernatürlichen Wahrheit der Liebe gelangt: er erfaßt ihre Bedeutung als Hingabe, Annahme und Gemeinschaft. Ohne Wahrheit gleitet die Liebe in Sentimentalität ab. Sie wird ein leeres Gehäuse, das man nach Belieben füllen kann. Das ist die verhängnisvolle Gefahr für die Liebe in einer Kultur ohne Wahrheit. Sie wird Opfer der zufälligen Gefühle und Meinungen der einzelnen, ein Wort, das mißbraucht und verzerrt wird, bis es schließlich das Gegenteil bedeutet. Die Wahrheit befreit die Liebe von den Verengungen einer Emotionalisierung, die sie rationaler und sozialer Inhalte beraubt, und eines Fideismus, der ihr die menschliche und universelle Weite nimmt. In der Wahrheit spiegelt die Liebe die persönliche und zugleich öffentliche Dimension des Glaubens an den biblischen Gott wider, der zugleich *„Agape"* und *„Logos"* ist: *Caritas* und Wahrheit, Liebe und Wort.

4 Da die Liebe voll Wahrheit ist, kann sie vom Menschen in ihrem Reichtum an Werten begriffen, zustimmend angenommen und vermittelt werden. Denn *die Wahrheit* ist *„lógos"*, der *„diá-logos"* schafft und damit Austausch und Gemeinschaft

bewirkt. Indem die Wahrheit die Menschen aus den subjektiven Meinungen und Empfindungen herausholt, gibt sie ihnen die Möglichkeit, kulturelle und geschichtliche Festlegungen zu überwinden und in der Beurteilung von Wert und Wesen der Dinge einander zu begegnen. Die Wahrheit öffnet den Verstand der Menschen und vereint ihre Intelligenz im *Logos* der Liebe: Das ist die Botschaft und das christliche Zeugnis der Liebe. Wenn wir im augenblicklichen sozialen und kulturellen Umfeld, in dem die Tendenz zur Relativierung der Wahrheit verbreitet ist, die Liebe in der Wahrheit leben, kommen wir zu der Einsicht, daß die Zustimmung zu den Werten des Christentums ein nicht nur nützliches, sondern unverzichtbares Element für den Aufbau einer guten Gesellschaft und einer echten ganzheitlichen Entwicklung des Menschen ist. Ein Christentum der Liebe ohne Wahrheit kann leicht mit einem Vorrat an guten, für das gesellschaftliche Zusammenleben nützlichen, aber nebensächlichen Gefühlen verwechselt werden. Auf diese Weise gäbe es keinen eigentlichen Platz mehr für Gott in der Welt. Ohne die Wahrheit wird die Liebe in einen begrenzten und privaten Bereich von Beziehungen verbannt. Aus den Planungen und den Prozessen zum Aufbau einer menschlichen Entwicklung von umfassender Tragweite – im Dialog zwischen Wissen und Praxis – wird sie ausgeschlossen.

5 *Caritas* ist empfangene und geschenkte Liebe. Sie ist „Gnade" *(cháris)*. Ihre Quelle ist die ur-

sprüngliche Liebe des Vaters zum Sohn im Heiligen Geist. Sie ist Liebe, die vom Sohn her zu uns herabfließt. Sie ist schöpferische Liebe, aus der wir unser Sein haben; sie ist erlösende Liebe, durch die wir wiedergeboren sind. Sie ist von Christus offenbarte und verwirklichte Liebe (vgl. Joh 13,1), „ausgegossen in unsere Herzen durch den Heiligen Geist" (Röm 5,5). Als Empfänger der Liebe Gottes sind die Menschen eingesetzt, Träger der Nächstenliebe zu sein, und dazu berufen, selbst Werkzeuge der Gnade zu werden, um die Liebe Gottes zu verbreiten und Netze der Nächstenliebe zu knüpfen.

Auf diese Dynamik der empfangenen und geschenkten Liebe geht die Soziallehre der Kirche ein. *Sie ist „caritas in veritate in re sociali"*: Verkündigung der Wahrheit der Liebe Christi in der Gesellschaft. Diese Lehre ist Dienst der Liebe, aber in der Wahrheit. Die Wahrheit ist Hüterin und Ausdruck der befreienden Kraft der Liebe in den immer neuen Wechselfällen der Geschichte. Sie ist zugleich Wahrheit des Glaubens und der Vernunft, in der Unterscheidung ebenso wie im Zusammenwirken der beiden Erkenntnisbereiche. Für die Entwicklung, den gesellschaftlichen Wohlstand und eine angemessene Lösung der schweren sozioökonomischen Probleme, welche die Menschheit plagen, ist diese Wahrheit notwendig. Und noch notwendiger dafür ist, daß diese Wahrheit geliebt und bezeugt wird. Ohne Wahrheit, ohne Vertrauen und Liebe gegenüber dem Wahren gibt es kein Gewissen und keine soziale Verantwortung: Das soziale Handeln wird ein Spiel privater Interessen und Logiken der Macht, mit zersetzenden Folgen für die Gesellschaft, um so mehr in einer Gesellschaft auf dem Weg zur Globalisierung und in schwierigen Situationen wie der augenblicklichen.

6 „*Caritas in veritate*" ist das Prinzip, um das die Soziallehre der Kirche kreist, ein Prinzip, das in Orientierungsmaßstäben für das moralische Handeln wirksame Gestalt annimmt. Besonders zwei von ihnen möchte ich erwähnen, die speziell beim Einsatz für die Entwicklung in einer Gesellschaft auf dem Weg zur Globalisierung erforderlich sind: *die Gerechtigkeit und das Gemeinwohl.*

Zunächst die Gerechtigkeit. *Ubi societas, ibi ius:* Jede Gesellschaft erarbeitet ein eigenes Rechtssystem. Die *Liebe geht über die Gerechtigkeit hinaus,* denn lieben ist schenken, dem anderen von dem geben, was „mein" ist; aber sie ist nie ohne die Gerechtigkeit, die mich dazu bewegt, dem anderen das zu geben, was „sein" ist, das, was ihm aufgrund seines Seins und seines Wirkens zukommt. Ich kann dem anderen nicht von dem, was mein ist, „schenken", ohne ihm an erster Stelle das gegeben zu haben, was ihm rechtmäßig zusteht. Wer den anderen mit Nächstenliebe begegnet, ist vor allem gerecht zu ihnen. Die Gerechtigkeit ist der Liebe nicht nur in keiner Weise fremd, sie ist nicht nur kein alternativer oder paralleler Weg zur ihr: Die Gerechtigkeit ist untrennbar mit der Liebe verbunden,[1] sie ist ein ihr innewohnendes Element. Die Gerechtigkeit ist der erste Weg der Liebe oder – wie Paul VI. sagte – ihr „Mindestmaß",[2] ein wesentlicher Bestandteil jener Liebe „in Tat und Wahrheit" (1 Joh 3,18), zu der der Apostel Johannes aufruft. Zum einen erfordert die Liebe die Gerechtigkeit: die Anerkennung und die Achtung der legitimen Rechte der einzelnen und der Völker. Sie setzt sich für den Aufbau der „Stadt des Menschen" nach Recht und Gerechtigkeit ein. Zum andern geht die Liebe über die Gerechtigkeit hinaus und vervollständigt sie in der Logik des Gebens und Vergebens.[3] Die „Stadt des Menschen" wird nicht nur durch Beziehungen auf der Grundlage von Rechten und Pflichten gefördert, sondern noch mehr und zuerst durch Verbindungen, die durch Unentgeltlichkeit, Barmherzigkeit und Gemeinsamkeit gekennzeichnet sind. Die Nächstenliebe offenbart auch in den menschlichen Beziehungen immer die Liebe Gottes; diese verleiht jedem Einsatz für Gerechtigkeit in der Welt einen theologalen und heilbringenden Wert.

7 Ferner muß besonderer Wert auf das Gemeinwohl gelegt werden. Jemanden lieben heißt sein Wohl im Auge haben und sich wirkungsvoll dafür einsetzen. Neben dem individuellen Wohl gibt es eines, das an das Leben der Menschen in Gesellschaft gebunden ist: das Gemeinwohl. Es ist das Wohl jenes „Wir alle", das aus einzelnen, Familien und kleineren Gruppen gebildet wird, die sich zu einer sozialen Gemeinschaft zusammenschließen.[4] Es ist nicht ein für sich selbst gesuchtes Wohl, son-

dern für die Menschen, die zu der sozialen Gemeinschaft gehören und nur in ihr wirklich und wirkungsvoller ihr Wohl erlangen können. Das *Gemeinwohl* wünschen und sich dafür verwenden *ist ein Erfordernis von Gerechtigkeit und Liebe.* Sich für das Gemeinwohl einzusetzen bedeutet, die Gesamtheit der Institutionen, die das soziale Leben rechtlich, zivil, politisch und kulturell strukturieren, einerseits zu schützen und andererseits sich ihrer zu bedienen, so daß auf diese Weise die *Polis,* die Stadt Gestalt gewinnt. Man liebt den Nächsten um so wirkungsvoller, je mehr man sich für ein gemeinsames Gut einsetzt, das auch seinen realen Bedürfnissen entspricht. Jeder Christ ist zu dieser Nächstenliebe aufgerufen, in der Weise seiner Berufung und entsprechend seinen Einflußmöglichkeiten in der *Polis.* Das ist der institutionelle – wir können auch sagen politische – Weg der Nächstenliebe, der nicht weniger tauglich und wirksam ist als die Liebe, die dem Nächsten unmittelbar, außerhalb der institutionellen Vermittlungen der *Polis* entgegenkommt. Wenn der Einsatz für das Gemeinwohl von der Liebe beseelt ist, hat er eine höhere Wertigkeit als der nur weltliche, politische. Wie jeder Einsatz für die Gerechtigkeit gehört er zu jenem Zeugnis der göttlichen Liebe, das, während es in der Zeit wirkt, die Ewigkeit vorbereitet. Wenn das Handeln des Menschen auf Erden von der Liebe inspiriert und unterstützt wird, trägt es zum Aufbau jener universellen *Stadt Gottes* bei, auf die sich die Geschichte der Menschheitsfamilie zu bewegt. In einer Gesellschaft auf dem Weg zur Globalisierung müssen das Gemeinwohl und der Einsatz dafür unweigerlich die Dimensionen der gesamten Menschheitsfamilie, also der Gemeinschaft der Völker und der Nationen,[5] annehmen, so daß sie der *Stadt des Menschen* die Gestalt der Einheit und des Friedens verleihen und sie gewissermaßen zu einer vorausdeutenden Antizipation der grenzenlosen Stadt Gottes machen.

8 Durch die Veröffentlichung der Enzyklika *Populorum progressio* im Jahr 1967 hat mein verehrter Vorgänger Paul VI. das große Thema der Entwicklung der Völker unter dem Glanz der Wahrheit und dem Licht der Liebe Christi beleuchtet. Er hat bekräftigt, daß die Verkündigung Christi der erste und hauptsächliche Entwicklungsfaktor ist,[6] und er hat uns aufgegeben, auf dem Weg der Entwicklung mit unserem Herzen und all unserer Intelligenz voranzugehen,[7] das heißt mit dem Feuer der Liebe und der Weisheit der Wahrheit. Es ist die ursprüngliche Wahrheit der Liebe Gottes, eine uns geschenkte Gnade, die unser Leben für die Gabe öffnet und es möglich macht, eine Entwicklung „des ganzen Menschen und der ganzen Menschheit",[8] einen Übergang „von weniger menschlichen zu menschlicheren Bedingungen"[9] zu erhoffen, der durch die Überwindung der unweigerlich auf dem Weg anzutreffenden Schwierigkeiten erreicht wird.

Über vierzig Jahre nach der Veröffentlichung der Enzyklika möchte ich dem Gedenken des großen

Papstes Paul VI. Anerkennung zollen und Ehre erweisen, indem ich seine Lehren über die *ganzheitliche Entwicklung des Menschen* aufnehme und mich auf den von ihnen vorgezeichneten Weg begebe, um sie in der gegenwärtigen Zeit zu aktualisieren. Dieser Prozeß der Aktualisierung begann mit der Enzyklika *Sollecitudo rei socialis,* mit welcher der Diener Gottes Papst Johannes Paul II. der Veröffentlichung von *Populorum progressio* anläßlich ihres zwanzigsten Jahrestags gedenken wollte. Ein solches Andenken war bis dahin nur der Enzyklika *Rerum novarum* zuteil geworden. Nachdem nun weitere zwanzig Jahre vergangen sind, bringe ich meine Überzeugung zum Ausdruck, daß die Enzyklika *Populorum progressio* verdient, als „die *Rerum novarum* unserer Zeit" angesehen zu werden, welche die Schritte der Menschheit auf dem Weg zu einer Einigung erleuchtet.

9 Die Liebe in der Wahrheit – *caritas in veritate* – ist eine große Herausforderung für die Kirche in einer Welt der fortschreitenden und um sich greifenden Globalisierung. Die Gefahr unserer Zeit besteht darin, daß der tatsächlichen Abhängigkeit der Menschen und der Völker untereinander keine ethische Wechselbeziehung von Gewissen und Verstand der Beteiligten entspricht, aus der eine wirklich menschliche Entwicklung als Ergebnis hervorgehen könnte. Nur mit der *vom Licht der Vernunft und des Glaubens erleuchteten Liebe* ist es möglich, Entwicklungsziele zu erreichen, die einen mensch-

licheren und vermenschlichenderen Wert besitzen. Das Teilen der Güter und der Ressourcen, aus dem die echte Entwicklung hervorgeht, wird nicht allein durch technischen Fortschritt und durch bloß vom Kalkül bestimmte Beziehungen gewährleistet, sondern durch das Potential der Liebe, die das Böse durch das Gute besiegt (vgl. Röm 12,21) und die Menschen dafür öffnet, in ihrem Gewissen und mit ihrer Freiheit aufeinander einzugehen.

Die Kirche hat keine technischen Lösungen anzubieten[10] und beansprucht keineswegs, „sich in die staatlichen Belange einzumischen".[11] Sie hat aber zu allen Zeiten und unter allen Gegebenheiten eine Sendung der Wahrheit zu erfüllen für eine Gesellschaft, die dem Menschen und seiner Würde und Berufung gerecht wird. Ohne Wahrheit verfällt man in eine empiristische und skeptische Lebensauffassung, die unfähig ist, sich über die Praxis zu erheben, weil sie nicht daran interessiert ist, die Werte – und bisweilen sogar die Bedeutungen – zu erfassen, mit denen diese zu beurteilen und nach denen sie auszurichten ist. Die Treue zum Menschen erfordert die *Treue zur Wahrheit*, die allein *Garant der Freiheit* (vgl. Joh 8,32) und *der Möglichkeit einer ganzheitlichen menschlichen Entwicklung* ist. Darum sucht die Kirche die Wahrheit, verkündet sie unermüdlich und erkennt sie an, wo immer sie sich offenbart. Diese Sendung der Wahrheit ist für die Kirche unverzichtbar. Ihre Soziallehre ist ein besonderer Aspekt dieser Verkündigung: Sie ist Dienst an der Wahrheit, die befreit. Offen für die

Wahrheit, gleichgültig aus welcher Wissensrichtung sie kommt, nimmt die Soziallehre der Kirche sie auf, setzt die Bruchstücke, in der sie sie häufig vorfindet, zu einer Einheit zusammen und vermittelt sie in die immer neue Lebenspraxis der Gesellschaft der Menschen und der Völker hinein.[12]

Erstes Kapitel

Die Botschaft von *Populorum progressio*

10 Die erneute Lektüre von *Populorum progressio* über vierzig Jahre nach ihrer Veröffentlichung regt dazu an, ihrer Botschaft der Liebe und der Wahrheit treu zu bleiben und sie im Kontext der spezifischen Lehre Papst Pauls VI. und allgemeiner innerhalb der Tradition der Soziallehre der Kirche zu betrachten. Alsdann sind die anderen Bedingungen zu erwägen, unter denen sich das Problem der Entwicklung heute im Unterschied zu damals stellt. Der richtige Gesichtspunkt ist also jener der Überlieferung des apostolischen Glaubens,[13] des alten und neuen Erbes, außerhalb dessen *Populorum progressio* ein Dokument ohne Wurzeln wäre und die Entwicklungsfragen sich einzig auf soziologische Daten reduzieren würden.

11 Die Publikation von *Populorum progressio* geschah unmittelbar nach Abschluß des Zweiten Vatikanischen Konzils. Die Enzyklika selbst weist in den ersten Absätzen auf ihre enge Beziehung zum Konzil hin.[14] Papst Johannes Paul II. unterstrich zwanzig Jahre danach in *Sollicitudo rei socialis* seinerseits die fruchtbare Verbindung jener Enzyklika zum Konzil, insbesondere zur Pastoralkonstitution *Gaudium et spes*.[15] Auch ich möchte

hier an die Bedeutung des Zweiten Vatikanischen Konzils für die Enzyklika Papst Pauls VI. und für das gesamte nachfolgende Lehramt der Päpste in sozialen Fragen erinnern. Das Konzil vertiefte, was seit jeher zur Wahrheit des Glaubens gehört, daß nämlich die Kirche, da sie im Dienst Gottes steht, bezüglich der Liebe und der Wahrheit im Dienst der Welt steht. Genau von dieser Sicht ging Papst Paul VI. aus, um uns zwei große Wahrheiten mitzuteilen. Die erste ist, daß *die ganze Kirche, wenn sie verkündet, Eucharistie feiert und in der Liebe wirkt, in all ihrem Sein und Handeln darauf ausgerichtet ist, die ganzheitliche Entwicklung des Menschen zu fördern.* Sie hat eine öffentliche Rolle, die sich nicht in ihrem Einsatz in der Fürsorge oder der Erziehung erschöpft, sondern all ihre besonderen Kräfte im Dienst der Förderung des Menschen und der weltweiten Geschwisterlichkeit offenbart, wenn sie sich eines freiheitlichen Regimes bedienen kann. In nicht wenigen Fällen ist diese Freiheit behindert durch Verbote und Verfolgungen oder auch eingeschränkt, wenn die öffentliche Präsenz der Kirche einzig auf ihre karitativen Aktivitäten begrenzt wird. Die zweite Wahrheit ist, daß *die echte Entwicklung des Menschen einheitlich die Gesamtheit der Person in all ihren Dimensionen betrifft.*[16] Ohne die Aussicht auf ein ewiges Leben fehlt dem menschlichen Fortschritt in dieser Welt der große Atem. Wenn er innerhalb der Geschichte eingeschlossen bleibt, ist er der Gefahr ausgesetzt, sich auf eine bloße Zunahme des Besitztums zu beschränken;

so verliert die Menschheit den Mut, für die höheren Güter aufnahmebereit zu sein, für die großen und selbstlosen Initiativen, zu denen die universale Nächstenliebe drängt. Der Mensch entwickelt sich nicht bloß mit den eigenen Kräften, noch kann die Entwicklung ihm einfach von außen gegeben werden. Im Laufe der Geschichte hat man oft gemeint, die Schaffung von Institutionen genüge, um der Menschheit die Erfüllung ihres Rechtes auf Entwicklung zu gewährleisten. Leider hat man in solche Institutionen ein übertriebenes Vertrauen gesetzt, so als könnten sie das ersehnte Ziel automatisch erlangen. In Wirklichkeit reichen die Institutionen allein nicht aus, denn die ganzheitliche Entwicklung des Menschen ist vor allem Berufung und verlangt folglich von allen eine freie und solidarische Übernahme von Verantwortung. Eine solche Entwicklung erfordert außerdem eine transzendente Sicht der Person, sie braucht Gott: Ohne ihn wird die Entwicklung entweder verweigert oder einzig der Hand des Menschen anvertraut, der in die Anmaßung der Selbst-Erlösung fällt und schließlich eine entmenschlichte Entwicklung fördert. Im übrigen gestattet nur die Begegnung mit Gott, nicht „im anderen immer nur den anderen zu sehen",[17] sondern in ihm das göttliche Bild zu erkennen und so dahin zu gelangen, wirklich den anderen zu entdecken und eine Liebe reifen zu lassen, die „Sorge um den anderen und für den anderen"[18] wird.

12 Die Verbindung zwischen *Populorum progressio* und dem Zweiten Vatikanischen Konzil stellt nicht etwa einen Bruch zwischen dem Lehramt Papst Pauls VI. in sozialen Fragen und dem seiner Vorgänger auf dem Stuhl Petri dar, denn das Konzil ist eine Vertiefung dieser Lehre in der Kontinuität des Lebens der Kirche.[19] In diesem Sinn tragen gewisse abstrakte Unterteilungen der modernen Soziallehre der Kirche, die auf die sozialen Aussagen der Päpste ihr fremde Kategorien anwenden, nicht zur Klärung bei. Es gibt nicht zwei Typologien von Soziallehre, eine vorkonziliare und eine nachkonziliare, die sich voneinander unterscheiden, sondern eine *einzige kohärente und zugleich stets neue Lehre*.[20] Es ist richtig, die Besonderheiten der einen oder der anderen Enzyklika, der Lehre des einen oder des anderen Papstes hervorzuheben, man darf dabei aber niemals die Kohärenz des gesamten *Corpus* der Lehre aus den Augen verlieren.[21] Kohärenz bedeutet nicht ein Einschließen in ein System, sondern vielmehr dynamische Treue zu einem empfangenen Licht. Die Soziallehre der Kirche beleuchtet die immer neuen Probleme, die auftauchen, mit einem Licht, das sich nicht verändert.[22] Das gewährleistet den sowohl permanent aktuellen als auch geschichtlichen Charakter dieses doktrinellen „Erbes",[23] das mit seinen spezifischen Merkmalen Teil der stets lebendigen Überlieferung der Kirche ist.[24] Die Soziallehre der Kirche ist auf dem Fundament aufgebaut, das die Apostel den Kirchenvätern übermittelt haben und das dann

von den großen christlichen Lehrmeistern aufgenommen und vertieft wurde. Diese Lehre greift letztlich auf den Neuen Menschen zurück, auf den „Letzten Adam", der „lebendigmachender Geist" wurde (1Kor 15,45) und Ursprung jener Liebe ist, die „niemals aufhört" (1Kor 13,8). Sie ist bezeugt von den Heiligen und von allen, die auf dem Gebiet der Gerechtigkeit und des Friedens ihr Leben für Christus, den Erlöser, hingegeben haben. In ihr kommt die prophetische Aufgabe der Päpste zum Ausdruck, die Kirche Christi apostolisch zu leiten und die jeweils neuen Erfordernisse der Evangelisierung zu erkennen. Aus diesen Gründen ist die in den großen Strom der Überlieferung eingebettete Enzyklika *Populorum progressio* imstande, uns heute noch etwas zu sagen.

13 Außer ihrer bedeutenden Verbindung mit der ganzen Soziallehre der Kirche ist die *Enzyklika* Populorum progressio *mit dem gesamten Lehramt Papst Pauls VI.* und insbesondere mit seinem Lehramt in sozialen Fragen *verknüpft.* Seine Unterweisungen zu diesem Thema waren durchaus von großer Wichtigkeit: Er betonte die unabdingbare Rolle des Evangeliums für den Aufbau der Gesellschaft im Sinne von Freiheit und Gerechtigkeit, in der geistigen und historischen Perspektive einer von der Liebe geleiteten Zivilisation. Papst Paul VI. erfaßte klar, daß die soziale Frage weltweit geworden war,[25] und sah die innere Entsprechung zwischen dem Drängen auf eine Vereinheitlichung der

Menschheit und dem christlichen Ideal einer einzigen, in der allgemeinen Brüderlichkeit solidarischen Familie der Völker. *Er bezeichnete die menschlich und christlich verstandene Entwicklung als das Herz der christlichen Soziallehre* und stellte die christliche Liebe als die hauptsächliche Kraft im Dienst der Entwicklung dar. Von dem Wunsch bewegt, die Liebe Christi dem heutigen Menschen ganz sichtbar zu machen, ging Papst Paul VI. mit Festigkeit wichtige ethische Fragen an, ohne den Schwächen der Kultur seiner Zeit nachzugeben.

14 Mit dem Apostolischen Schreiben *Octogesima adveniens* von 1971 thematisierte Papst Paul VI. dann den Sinn der Politik und die *Gefahr seitens utopistischer und ideologischer Visionen,* die ihre ethische und menschliche Qualität beeinträchtigten. Es handelt sich um Argumente, die mit der Entwicklung eng verbunden sind. Leider treiben die negativen Ideologien fortwährend Blüten. Vor der technokratischen Ideologie, die heute besonders verbreitet ist, hatte Papst Paul VI. bereits gewarnt,[26] wohl wissend, daß es sehr gefährlich ist, den gesamten Entwicklungsprozeß allein der Technik zu überlassen, denn auf diese Weise würde ihm die Orientierung fehlen. Technik, für sich genommen, ist ambivalent. Wenn heute einerseits die Neigung besteht, ihr den besagten Entwicklungsprozeß gänzlich anzuvertrauen, ist andererseits das Aufkommen von Ideologien zu beobachten, welche die Nützlichkeit der Entwicklung überhaupt leugnen, weil sie sie

für grundsätzlich anti-menschlich halten und meinen, sie führe zu allgemeinem Verfall. So verurteilt man letztlich nicht nur die verzerrte und ungerechte Weise, in der die Menschen manchmal den Fortschritt orientieren, sondern die wissenschaftlichen Entdeckungen selbst, die hingegen, wenn sie recht genutzt werden, eine Wachstumschance für alle darstellen. Die Vorstellung von einer Welt ohne Entwicklung drückt Mißtrauen gegenüber dem Menschen und gegenüber Gott aus. Es ist also ein schwerer Irrtum, die menschlichen Fähigkeiten zur Kontrolle von Auswüchsen in der Entwicklung geringzuschätzen, oder sogar zu ignorieren, daß der Mensch konstitutiv dem „Mehr-Sein" entgegenstrebt. Den technischen Fortschritt ideologisch zu verabsolutieren oder die Utopie einer zum ursprünglichen Naturzustand zurückgekehrten Menschheit zu erträumen, sind zwei gegensätzliche Weisen, den Fortschritt von der moralischen Bewertung und somit von unserer Verantwortung zu trennen.

15 Zwei weitere Dokumente Papst Pauls VI., die nicht unmittelbar mit der Soziallehre zusammenhängen – die Enzyklika *Humanae vitae* vom 25. Juli 1968 und das Apostolische Schreiben *Evangelii nuntiandi* vom 8. Dezember 1975 – sind sehr wichtig, um den *vollkommen menschlichen Gehalt der von der Kirche vorgeschlagenen Entwicklung* zu beschreiben. Es ist also angebracht, auch diese beiden Texte in Verbindung mit *Populorum progressio* zu lesen.

Die Enzyklika *Humanae vitae* unterstreicht die zweifache Bedeutung der Sexualität als Vereinigung und als Zeugung und gründet damit die Gesellschaft auf das Fundament des Ehepaares, eines Mannes und einer Frau, die sich gegenseitig annehmen in ihrer Unterschiedenheit und Komplementarität; eines Paares also, das offen ist für das Leben.[27] Es handelt sich nicht um eine bloß individuelle Moral: *Humanae vitae* zeigt die *starken Verbindungen* auf, die *zwischen der Ethik des Lebens und der Sozialethik* bestehen und hat damit eine lehramtliche Thematik eröffnet, die nach und nach in verschiedenen Dokumenten Gestalt gewonnen hat, zuletzt in der Enzyklika *Evangelium vitae* Papst Johannes Pauls II.[28] Die Kirche betont mit Nachdruck diesen Zusammenhang zwischen der Ethik des Lebens und der Sozialethik, denn sie weiß: Unmöglich „kann eine Gesellschaft gesicherte Grundlagen haben, die – während sie Werte wie Würde der Person, Gerechtigkeit und Frieden geltend macht – sich von Grund auf widerspricht, wenn sie die verschiedensten Formen von Mißachtung und Verletzung des menschlichen Lebens akzeptiert oder duldet, vor allem, wenn es sich um schwaches oder ausgegrenztes Leben handelt".[29]

Das Apostolische Schreiben *Evangelii nuntiandi* hat seinerseits eine sehr enge Beziehung zur Entwicklung, denn „die Evangelisierung wäre nicht vollkommen", schrieb Papst Paul VI., „wenn sie nicht dem Umstand Rechnung tragen würde, daß sich im Lauf der Zeit das Evangelium und das konkrete, persönliche und gemeinschaftliche Leben des Menschen gegenseitig fordern".[30] „Zwischen Evangelisierung und menschlicher Förderung – Entwicklung und Befreiung – bestehen in der Tat enge Verbindungen":[31] Von dieser Kenntnis ausgehend, stellte Papst Paul VI. die Beziehung zwischen der Verkündigung Christi und der Förderung des Menschen in der Gesellschaft klar heraus. *Das Zeugnis für die Liebe Christi durch Werke der Gerechtigkeit, des Friedens und der Entwicklung gehört zur Evangelisierung*, denn dem uns in Liebe zugewandten Jesus Christus liegt der ganze Mensch am Herzen. Auf diese wichtigen Lehren gründet sich der missionarische Aspekt[32] der Soziallehre der Kirche als wesentliches Element der Evangelisierung.[33] Die Soziallehre der Kirche ist Glaubensverkündigung und Glaubenszeugnis. Sie ist Instrument und unverzichtbarer Ort der Erziehung zum Glauben.

16 In der Enzyklika *Populorum progressio* wollte Papst Paul VI. uns vor allem sagen, daß der Fortschritt in seinem Ursprung und seinem Wesen nach eine *Berufung* ist: „Nach dem Plan Gottes ist jeder Mensch gerufen, sich zu entwickeln; denn das ganze Leben ist Berufung".[34] Genau dieses Faktum rechtfertigt das Eingreifen der Kirche in den Problemkomplex der Entwicklung. Wenn es nur um technische Aspekte des menschlichen Lebens ginge und der Mensch weder den Sinn seines Voranschreitens in der Geschichte gemeinsam mit seinen Mitmenschen, noch die Zielbestimmung dieses

Weges beachten würde, dann hätte die Kirche kein Recht, über diese Dinge zu sprechen. Papst Paul VI. war sich – wie schon sein Vorgänger Papst Leo XIII. in der Enzyklika *Rerum novarum*[35] – bewußt, eine seinem Amt eigene Pflicht zu erfüllen, indem er das Licht des Evangeliums auf die sozialen Fragen seiner Zeit warf.[36]

Wenn man sagt, daß die *Entwicklung eine Berufung* ist, bedeutet das anzuerkennen, daß sie zum einen aus einem transzendenten Ruf hervorgeht und zum andern nicht in der Lage ist, sich selbst ihren letzten Sinn zu geben. Nicht ohne Grund kommt das Wort „Berufung" auch an einer anderen Stelle der Enzyklika vor, wo es heißt: „Nur jener Humanismus also ist der wahre, der sich zum Absoluten hin öffnet, in Dank für eine Berufung, die die richtige Auffassung vom menschlichen Leben schenkt".[37] Diese Sicht der Entwicklung ist das Herz von *Populorum progressio* und motiviert alle Reflexionen Papst Pauls VI. über die Freiheit, die Wahrheit und die Liebe in der Entwicklung. Sie ist auch der Hauptgrund, warum diese Enzyklika in unseren Tagen noch aktuell ist.

17 Die Berufung ist ein Appell, der eine freie und verantwortliche Antwort verlangt. Die *ganzheitliche menschliche Entwicklung setzt die verantwortliche Freiheit* der Person und der Völker *voraus:* keine Struktur kann diese Entwicklung garantieren, wenn sie die menschliche Verantwortung beiseite läßt oder sich über sie stellt. Die

„Messianismen", reich an „Verheißungen, die doch nur Gaukler einer Traumwelt sind",[38] gründen ihre eigenen Vorschläge immer auf die Leugnung der transzendenten Dimension der Entwicklung, in der Sicherheit, daß diese ihnen ganz zur Verfügung steht. Diese falsche Sicherheit verwandelt sich in Schwäche, weil sie die Unterjochung des Menschen mit sich bringt, der zu einem Mittel für die Entwicklung herabgewürdigt wird, während die Demut dessen, der eine Berufung annimmt, sich in wahre Autonomie verwandelt, weil sie den Menschen frei macht. Papst Paul VI. bezweifelt nicht, daß Hindernisse und Bedingtheiten die Entwicklung hemmen, aber er ist auch sicher, daß „jeder seines Glückes Schmied, seines Versagens Ursache [ist], wie immer auch die Einflüsse sind, die auf ihn wirken".[39] Diese Freiheit betrifft die Entwicklung, die wir vor uns haben, aber sie betrifft zugleich auch die Situationen von Unterentwicklung, die nicht ein Ergebnis des Zufalls oder einer geschichtlichen Notwendigkeit sind, sondern von der menschlichen Verantwortung abhängen. Aus diesem Grund bitten „die Völker, die Hunger leiden, … die Völker im Wohlstand dringend um Hilfe".[40] Auch das ist Berufung, ein von freien Menschen an freie Menschen gerichteter Appell für eine gemeinsame Übernahme von Verantwortung. Papst Paul VI. hatte ein lebendiges Empfinden für die Wichtigkeit der wirtschaftlichen Strukturen und der Institutionen, aber ebenso deutlich war sein Empfinden für deren eigentliches Wesen als Werkzeuge der menschlichen Freiheit. Nur wenn sie frei ist, kann die Entwicklung ganz menschlich sein; nur in Verhältnissen von verantwortlicher Freiheit kann sie in angemessener Weise wachsen.

18 Neben der Forderung nach Freiheit *verlangt die ganzheitliche menschliche Entwicklung als Berufung auch, daß ihre Wahrheit respektiert wird.* Die Berufung zum Fortschritt drängt die Menschen, „mehr [zu] handeln, mehr [zu] erkennen, mehr [zu] besitzen, um mehr zu sein".[41] Doch da stellt sich das Problem: Was bedeutet „mehr sein"? Auf diese Frage antwortet Papst Paul VI., indem er auf das wesentliche Kennzeichen der „wahren Entwicklung" verweist: Sie muß „umfassend sein, sie muß den ganzen Menschen im Auge haben und die gesamte Menschheit".[42] In der Konkurrenz der verschiedenen Auffassungen vom Menschen, von denen es in der heutigen Gesellschaft noch mehr gibt als zur Zeit Papst Pauls VI., hat die christliche Sichtweise die Besonderheit, den unveräußerlichen Wert des Menschen und den Sinn seines Wachsens zu bekräftigen und zu rechtfertigen. Die christliche Berufung zur Entwicklung hilft, die Förderung aller Menschen und des ganzen Menschen zu verfolgen. Papst Paul VI. schrieb: „Was für uns zählt, ist der Mensch, der einzelne, die Gruppe von Menschen bis zur gesamten Menschheit".[43] Der christliche Glaube kümmert sich um die Entwicklung, ohne sich auf Privilegien oder auf Machtpositionen und nicht einmal auf die Verdienste der Christen

zu verlassen, auch wenn es sie gab und auch heute abgesehen von natürlichen Grenzen gibt.[44] Der Glaube setzt vielmehr einzig auf Christus, auf den jede echte Berufung zur ganzheitlichen menschlichen Entwicklung zurückzuführen ist. *Das Evangelium ist grundlegendes Element der Entwicklung,* denn darin macht Christus „in der Offenbarung des Geheimnisses des Vaters und seiner Liebe dem Menschen den Menschen selbst voll kund".[45] Von ihrem Herrn belehrt, erforscht die Kirche die Zeichen der Zeit, deutet sie und bietet der Welt „ihr Ureigenstes: eine umfassende Sicht des Menschen und der Menschheit".[46] Gerade weil Gott das größte „Ja" zum Menschen sagt,[47] kann der Mensch nicht darauf verzichten, sich der göttlichen Berufung zu öffnen, um die eigene Entwicklung zu verwirklichen. Die Wahrheit der Entwicklung besteht in ihrer Ganzheit: Wenn die Entwicklung nicht den ganzen Menschen und jeden Menschen betrifft, ist sie keine wahre Entwicklung. Das ist die zentrale Botschaft von *Populorum progressio,* die heute und immer gilt. Die ganzheitliche Entwicklung des Menschen auf der natürlichen Ebene als Antwort auf eine Berufung durch den Schöpfergott[48] erfordert ihre Verwirklichung in einem „Humanismus jenseitiger ... Art, der [dem Menschen] eine umgreifende Vollendung schenkt: das ist das Ziel und der letzte Sinn menschlicher Entwicklung".[49] Die christliche Berufung zu dieser Entwicklung betrifft also sowohl die natürliche als auch die übernatürliche Ebene; aus diesem Grund gilt: „Wenn Gott in den Schatten gestellt wird, schwindet unsere Fähigkeit, die natürliche Ordnung, ihr Ziel und das ‚Gute' zu erkennen, allmählich dahin".[50]

19 Schließlich verlangt die Auffassung von der Entwicklung als Berufung, daß in ihr die *Liebe im Zentrum* steht. Papst Paul VI. stellte in der Enzyklika *Populorum progressio* fest, daß die Ursachen der Unterentwicklung nicht in erster Linie materieller Art sind. Er forderte uns auf, sie in anderen Dimensionen des Menschen zu suchen. Vor allem im Willen, der oft die Pflichten der Solidarität mißachtet. An zweiter Stelle im Denken, das den Willen nicht immer in rechter Weise zu orientieren weiß. Zu begleiten wäre die Entwicklung daher durch „weise Menschen mit tiefen Gedanken, die nach einem neuen Humanismus Ausschau halten, der den Menschen von heute sich selbst finden läßt".[51] Aber das ist nicht alles. Die Unterentwicklung hat eine Ursache, die noch wichtiger ist als die Unzulänglichkeit im Denken: Es ist das „Fehlen des brüderlichen Geistes unter den Menschen und unter den Völkern".[52] Können die Menschen eine solche Brüderlichkeit jemals aus eigenem Antrieb erreichen? Die zunehmend globalisierte Gesellschaft macht uns zu Nachbarn, aber nicht zu Geschwistern. Die Vernunft für sich allein ist imstande, die Gleichheit unter den Menschen zu begreifen und ein bürgerliches Zusammenleben herzustellen, aber es gelingt ihr nicht, Brüderlichkeit zu schaffen. Diese hat ihren Ursprung in einer transzendenten

Berufung durch Gott den Vater, der uns zuerst geliebt hat und uns durch den Sohn lehrt, was geschwisterliche Liebe ist. In seiner Darstellung der verschiedenen Ebenen des Entwicklungsprozesses des Menschen stellte Papst Paul VI., nachdem er den Glauben erwähnt hatte, an die Spitze „die Einheit in der Liebe Christi, der alle gerufen hat, als Kinder am Leben des lebendigen Gottes teilzunehmen, des Vaters aller Menschen".[53]

20 Diese von *Populorum progressio* eröffneten Perspektiven bleiben grundlegend, um unserem Einsatz für die Entwicklung der Völker Schwung und Orientierung zu verleihen. Die Enzyklika unterstreicht außerdem immer wieder die *Dringlichkeit von Reformen*[54] und ruft dann auf, angesichts der großen Probleme der Ungerechtigkeit in der Entwicklung der Völker mutig und ohne Zögern zu handeln. Auch die *Liebe in der Wahrheit schreibt diese Dringlichkeit vor.* Die Liebe Christi ist es, die uns drängt: *„caritas Christi urget nos"* (2 Kor 5,14). Die Dringlichkeit liegt nicht nur in den Gegebenheiten, sie ergibt sich nicht nur daraus, daß die Ereignisse und Probleme sich überstürzen, sondern auch aus der ausgesetzten Prämie: die Verwirklichung einer echten Brüderlichkeit. Dieses Ziel hat eine solche Bedeutung, daß es unsere Aufgeschlossenheit erfordert, damit wir es zutiefst begreifen und uns konkret und „von Herzen" dafür engagieren, daß die aktuellen wirtschaftlichen und gesellschaftlichen Prozesse zu wahrhaft menschlichen Ergebnissen führen.

Zweites Kapitel

Die Entwicklung des Menschen in unserer Zeit

21 Papst Paul VI. hatte eine *differenzierte Sicht der Entwicklung.* Mit dem Begriff „Entwicklung" wollte er das Ziel anzeigen, den Völkern vor allem zu einer Überwindung von Hunger, Elend, endemischen Krankheiten und Analphabetismus zu verhelfen. Das bedeutete vom ökonomischen Gesichtspunkt aus ihre aktive Teilnahme am internationalen Wirtschaftsprozeß unter paritätischen Bedingungen; vom sozialen Gesichtspunkt aus ihre Entwicklung zu gebildeten und solidarischen Gesellschaften; vom politischen Gesichtspunkt aus die Konsolidierung demokratischer Regime, die imstande sind, Freiheit und Frieden zu sichern. Während wir nun nach vielen Jahren mit Besorgnis auf die Entwicklungen und auf die Perspektiven der Krisen schauen, die in diesen Zeiten einander folgen, *fragen wir uns, wie weit die Erwartungen Papst Pauls VI.* von dem in den letzten Jahrzehnten angewendeten Entwicklungsmodell *befriedigt worden* sind. Wir erkennen so, daß die Befürchtungen der Kirche bezüglich der Fähigkeiten des rein technisch orientierten Menschen, sich realistische Ziele zu setzen und die zur Verfügung stehenden Mittel

in angemessener Weise zu handhaben, begründet waren. Der Gewinn ist nützlich, wenn er in seiner Eigenschaft als Mittel einem Zweck zugeordnet ist, welcher der Art und Weise seiner Erlangung ebenso wie der seiner Verwendung einen Sinn verleiht. Die ausschließliche Ausrichtung auf Gewinn läuft, wenn dieser auf ungute Weise erzielt wird und sein Endzeck nicht das Allgemeinwohl ist, Gefahr, Vermögen zu zerstören und Armut zu schaffen. Die von Papst Paul VI. herbeigewünschte wirtschaftliche Entwicklung sollte so geartet sein, daß sie ein reales, auf alle ausdehnbares und konkret nachhaltiges Wachstum hervorruft. Es trifft zu, daß die Entwicklung ein positiver Faktor war und weiterhin ist, der Milliarden von Menschen aus dem Elend befreit und in letzter Zeit vielen Ländern die Möglichkeit gegeben hat, wirksame Partner in der internationalen Politik zu werden. Man muß jedoch zugeben, daß ebendiese wirtschaftliche Entwicklung *durch Verzerrungen und dramatische Probleme* belastet war und weiterhin ist, die durch die augenblickliche Krisensituation noch mehr in den Vordergrund treten. Diese stellt uns unaufschiebbar vor Entscheidungen, die zunehmend die Bestimmung des Menschen selbst betreffen, der im übrigen nicht von seiner Natur absehen kann. Die auf dem Plan befindlichen technischen Kräfte, die weltweiten Wechselbeziehungen, die schädlichen Auswirkungen einer schlecht eingesetzten und darüber hinaus spekulativen Finanzaktivität auf die Realwirtschaft, die stattlichen, oft nur ausgelösten und dann nicht angemessen geleiteten Migrationsströme, die unkontrollierte Ausbeutung der Erdressourcen – all das veranlaßt uns heute, über die notwendigen Maßnahmen zur Lösung von Problemen nachzudenken, die im Vergleich zu den von Papst Paul VI. unternommenen nicht nur neu sind, sondern auch und vor allem einen entscheidenden Einfluß auf das gegenwärtige und zukünftige Wohl der Menschheit haben. Die Aspekte der Krise und ihrer Lösungen wie auch die einer zukünftigen neuen möglichen Entwicklung sind immer mehr miteinander verbunden, sie bedingen sich gegenseitig, erfordern neue Bemühungen um ein Gesamtverständnis und eine *neue humanistische Synthese.* Die Kompliziertheit und Schwere der augenblicklichen wirtschaftlichen Krise besorgt uns zu Recht, doch müssen wir mit Realismus, Vertrauen und Hoffnung die neuen Verantwortungen übernehmen, zu denen uns das Szenario einer Welt ruft, die einer tiefgreifenden kulturellen Erneuerung und der Wiederentdeckung von Grundwerten bedarf, auf denen eine bessere Zukunft aufzubauen ist. Die Krise verpflichtet uns, unseren Weg neu zu planen, uns neue Regeln zu geben und neue Einsatzformen zu finden, auf positive Erfahrungen zuzusteuern und die negativen zu verwerfen. So wird die Krise *Anlaß zu Unterscheidung und neuer Planung.* In dieser eher zuversichtlichen als resignierten Grundhaltung müssen die Schwierigkeiten des gegenwärtigen Augenblicks in Angriff genommen werden.

22 Heute ist der Rahmen der Entwicklung polyzentrisch. Die Akteure und die Ursachen sowohl der Unterentwicklung als auch der Entwicklung sind vielgestaltig, Schuld und Verdienste sind voneinander zu unterscheiden. Diese Gegebenheit müßte dazu drängen, sich von den Ideologien zu befreien, die in oft künstlicher Weise die Realität vereinfachen, und dazu veranlassen, objektiv die menschliche Komplexität der Probleme zu überprüfen. Die Demarkationslinie zwischen reichen und armen Ländern ist nicht mehr so deutlich wie zur Zeit der Enzyklika *Populorum progressio;* darauf hatte schon Papst Johannes Paul II. hingewiesen.[55] *Absolut gesehen, nimmt der weltweite Reichtum zu, doch die Ungleichheiten vergrößern sich.* In den reichen Ländern verarmen neue Gesellschaftsklassen, und es entstehen neue Formen der Armut. In ärmeren Regionen erfreuen sich einige Gruppen einer Art verschwenderischer und konsumorientierter Überentwicklung, die in unannehmbarem Kontrast zu anhaltenden Situationen entmenschlichenden Elends steht. „Der Skandal schreiender Ungerechtigkeit"[56] hält an. Korruption und Illegalität gibt es leider im Verhalten wirtschaftlicher und politischer Vertreter der alten und neuen reichen Länder ebenso wie in den armen Ländern selbst. Manchmal sind es große transnationale Unternehmen oder auch lokale Produktionsgruppen, welche die Menschenrechte der Arbeiter nicht respektieren. Die internationalen Hilfen sind oft durch Verantwortungslosigkei-

ten sowohl in der Kette der Geber als auch in der der Nutznießer zweckentfremdet worden. Auch im Bereich der nicht materiellen oder der kulturellen Ursachen der Entwicklung bzw. der Unterentwicklung können wir die gleiche Aufteilung der Verantwortung finden. Es gibt übertriebene Formen des Wissensschutzes seitens der reichen Länder durch eine zu strenge Anwendung des Rechtes auf geistiges Eigentum, speziell im medizinischen Bereich. Zugleich bestehen in einigen armen Ländern kulturelle Leitbilder und gesellschaftliche Verhaltensnormen fort, die den Entwicklungsprozeß bremsen.

23 Viele Regionen der Erde haben sich heute, wenn auch auf problematische und nicht homogene Weise, fortentwickelt und sind in den Kreis der großen Mächte eingetreten, die dazu bestimmt sind, in Zukunft wichtige Rollen zu spielen. Es muß jedoch unterstrichen werden, daß ein *Fortschritt allein unter wirtschaftlichem und technologischem Gesichtspunkt nicht genügt*. Es ist notwendig, daß die Entwicklung vor allem echt und ganzheitlich ist. Das Heraustreten aus dem wirtschaftlichen Entwicklungsrückstand, ein an sich positives Faktum, löst nicht die komplexe Problematik der Förderung des Menschen: weder für die unmittelbar von diesem Fortschritt selbst betroffenen Länder, noch für die wirtschaftlich bereits entwickelten, und auch nicht für die noch armen Länder, die nicht nur unter den alten Formen der Ausbeutung, sondern auch unter den negativen Konsequenzen

eines durch Verzerrungen und Unausgeglichenheiten gekennzeichneten Wachstums leiden können.

Nach dem Zusammenbruch der wirtschaftlichen und politischen Systeme der kommunistischen Länder Osteuropas und dem Ende der sogenannten „gegnerischen Blöcke" wäre ein umfassendes Überdenken der Entwicklung nötig gewesen. Das hatte Papst Johannes Paul II. gefordert, der 1987 die Existenz dieser „Blöcke" als eine der Hauptursachen der Unterentwicklung ausgewiesen hatte,[57] insofern die Politik der Wirtschaft und der Kultur Geldmittel entzog und die Ideologie die Freiheit behinderte. Im Jahr 1991, nach den Ereignissen von 1989, forderte er auch, daß dem Ende der „Blöcke" eine globale Neuplanung der Entwicklung entsprechen müsse, und zwar nicht nur in jenen Ländern, sondern auch im Westen und in jenen Teilen der Welt, die sich im Stadium der Entwicklung befanden.[58] Das ist nur zum Teil geschehen und bleibt weiter eine echte Verpflichtung, der Genüge getan werden muß, indem man vielleicht gerade aus den zur Überwindung der aktuellen wirtschaftlichen Probleme notwendigen Entscheidungen Nutzen zieht.

24 Obwohl man angesichts des schon fortgeschrittenen Prozesses der Sozialisierung von einer weltweit gewordenen sozialen Frage sprechen konnte, war die Welt, die Papst Paul VI. vor sich hatte, noch viel weniger zusammengewachsen als die heutige. Wirtschaftliche Aktivität und poli-

tische Tätigkeit spielten sich großenteils im selben räumlichen Bereich ab und konnten sich so aufeinander verlassen. Die produktive Tätigkeit geschah vornehmlich innerhalb der nationalen Grenzen, und die finanziellen Investitionen hatten eine eher begrenzte Zirkulation im Ausland, so daß die Politik vieler Staaten noch die Prioritäten der Wirtschaft festsetzen und mit den ihr noch zur Verfügung stehenden Mitteln deren Fortgang in gewisser Weise regeln konnte. Aus diesem Grund schrieb *Populorum progressio* der „staatlichen Gewalt"[59] eine zentrale, wenn auch nicht ausschließliche Aufgabe zu.

In unserer Zeit sieht sich der Staat mit der Situation konfrontiert, sich mit den Beschränkungen auseinanderzusetzen zu müssen, die der neue internationale ökonomisch-kommerzielle und finanzielle Kontext seiner Souveränität in den Weg legt – ein Kontext, der sich auch durch eine zunehmende Mobilität des Finanzkapitals und der materiellen wie nicht materiellen Produktionsmittel auszeichnet. Dieser neue Kontext hat die politische Macht der Staaten verändert.

Heute – auch unter dem Eindruck der Lektion, die uns die augenblickliche Wirtschaftskrise erteilt, in der die *staatliche Gewalt* unmittelbar damit beschäftigt ist, Irrtümer und Mißwirtschaft zu korrigieren – scheint eine *neue Wertbestimmung der Rolle* und der Macht der Staaten realistischer; beides muß klug neu bedacht und abgeschätzt werden, so daß die Staaten wieder imstande sind –

auch durch neue Modalitäten der Ausübung –, sich den Herausforderungen der heutigen Welt zu stellen. Mit einer besser ausgewogenen Rolle der staatlichen Gewalt kann man davon ausgehen, daß sich jene neuen Formen der Teilnahme an der nationalen und internationalen Politik stärken, die sich durch die Tätigkeit der in der Zivilgesellschaft arbeitenden Organisationen verwirklichen. Es ist wünschenswert, daß in dieser Richtung eine tiefer empfundene Aufmerksamkeit und Anteilnahme der Bürger an der *Res publica* wachse.

25 Vom sozialen Gesichtspunkt aus haben die Schutz- und Fürsorgeeinrichtungen, die es schon zur Zeit Papst Pauls VI. in vielen Ländern gab, Mühe – und in Zukunft könnte es noch schwieriger werden –, ihre Ziele wirklicher sozialer Gerechtigkeit in einem zutiefst veränderten Kräftespiel zu verfolgen. Der global gewordene Markt hat vor allem bei den reichen Ländern die Suche nach Zonen angetrieben, in die die Produktion zu Niedrigpreisen verlagert werden kann, mit dem Ziel, die Preise vieler Waren zu senken, die Kaufkraft zu steigern und somit die auf vermehrtem Konsum basierenden Wachstumsraten für den eigenen internen Markt zu erhöhen. Folglich hat der Markt neue Formen des Wettstreits unter den Staaten angeregt, die darauf abzielen, mit verschiedenen Mitteln – darunter günstige Steuersätze und die Deregulierung der Arbeitswelt – Produktionszentren ausländischer Unternehmen anzuziehen. Diese Prozesse

haben dazu geführt, daß die Suche nach größeren Wettbewerbsvorteilen auf dem Weltmarkt mit einer *Reduzierung der Netze der sozialen Sicherheit* bezahlt wurde, was die Rechte der Arbeiter, die fundamentalen Menschenrechte und die in den traditionellen Formen des Sozialstaates verwirklichte Solidarität in ernste Gefahr bringt. Die Systeme der sozialen Sicherheit können die Fähigkeit verlieren, ihre Aufgabe zu erfüllen, und zwar nicht nur in den armen Ländern, sondern auch in den Schwellenländern und in den seit langem entwickelten Ländern. Hier kann die Haushaltspolitik mit Streichungen in den Sozialausgaben, die häufig auch von den internationalen Finanzinstituten angeregt werden, die Bürger machtlos neuen und alten Gefahren aussetzen; diese Machtlosigkeit wird durch das Fehlen eines wirksamen Schutzes durch die Arbeitnehmervereinigungen noch erhöht. Die Gesamtheit der gesellschaftlichen und wirtschaftlichen Veränderungen bewirkt, daß die *Gewerkschaftsorganisationen* bei der Ausübung ihrer Aufgabe, die Interessen der Arbeitnehmer zu vertreten, auf größere Schwierigkeiten stoßen, auch weil die Regierungen aus Gründen des wirtschaftlichen Nutzens oft die gewerkschaftlichen Freiheiten oder die Verhandlungsmöglichkeiten der Gewerkschaften selbst einschränken. So haben die traditionellen Netze der Solidarität wachsende Hindernisse zu überwinden. Dem Vorschlag seitens der Soziallehre der Kirche – angefangen von der Enzyklika *Rerum novarum*[60] –, Arbeitnehmervereinigungen zur Verteidigung der eigenen Rechte ins Leben zu rufen, sollte darum heute noch mehr nachgekommen werden als früher, indem man vor allem eine sofortige und weitblickende Antwort auf die Dringlichkeit gibt, neue Formen des Zusammenwirkens nicht nur auf lokaler, sondern auch auf internationaler Ebene einzuführen.

Die *Arbeitsmobilität* ist in Verbindung mit der verbreiteten Deregulierung ein wichtiges Phänomen nicht ohne positive Aspekte gewesen, denn sie ist imstande, die Produktion von neuem Vermögen und den Austausch zwischen verschiedenen Kulturen anzuregen. Wenn jedoch die Unsicherheit bezüglich der Arbeitsbedingungen infolge von Prozessen der Mobilität und der Deregulierung um sich greift, bilden sich Formen psychologischer Instabilität aus, Schwierigkeiten, eigene konsequente Lebensplanungen zu entwickeln, auch im Hinblick auf die Ehe. In der Folge ergeben sich Situationen nicht nur sozialer Kräftevergeudung, sondern auch menschlichen Niedergangs. Vergleicht man dies mit dem, was in der Industriegesellschaft der Vergangenheit geschah, so provoziert die Arbeitslosigkeit heute neue Aspekte wirtschaftlicher Bedeutungslosigkeit, und die augenblickliche Krise kann die Situation nur noch verschlechtern. Der langzeitige Ausschluß von der Arbeit oder die längere Abhängigkeit von öffentlicher oder privater Hilfe untergraben die Freiheit und die Kreativität der Person sowie ihre familiären und gesellschaftlichen Beziehungen, was schwere Leiden auf psychologischer und spiritueller Ebene mit sich bringt. Allen, besonders den Regierenden, die damit beschäftigt sind, den Wirtschafts- und Gesellschaftsordnungen der Welt ein erneuertes Profil zu geben, möchte ich in Erinnerung rufen, daß *das erste zu schützende und zu nutzende Kapital der Mensch ist, die Person in ihrer Ganzheit* – „ist doch der Mensch Urheber, Mittelpunkt und Ziel aller Wirtschaft".[61]

26 Auf kultureller Ebene ist der Unterschied im Vergleich zur Zeit Papst Pauls VI. noch markanter. Damals waren die Kulturen ziemlich gut umschrieben und hatten größere Chancen, sich vor Versuchen kultureller Homogenisierung zu schützen. Heute haben die Möglichkeiten der *Wechselwirkung zwischen den Kulturen* beträchtlich zugenommen und geben Raum für neue Perspektiven des interkulturellen Dialogs – eines Dialogs, der, um wirkungsvoll zu sein, von den verschiedenen Gesprächspartnern als Ausgangspunkt das tiefe Bewußtsein ihrer spezifischen Identität verlangt. Man darf dabei allerdings nicht außer acht lassen, daß die zunehmende Kommerzialisierung des Kulturaustauschs heute eine zweifache Gefahr begünstigt. An erster Stelle ist ein häufig unkritisch angenommener *kultureller Eklektizismus* zu beobachten: Die Kulturen werden einfach nebeneinandergestellt und als im wesentlichen gleichwertig und untereinander austauschbar betrachtet. Das fördert das Abgleiten in einen Relativismus, der dem wahren interkulturellen Dialog wenig hilfreich

ist; auf gesellschaftlicher Ebene bewirkt der kulturelle Relativismus ein getrenntes Nebeneinanderher-Leben der Kulturgruppen ohne echten Dialog und folglich ohne wirkliche Integration. An zweiter Stelle existiert die entgegengesetzte Gefahr, die in der *kulturellen Verflachung* und der Vereinheitlichung der Verhaltensweisen und der Lebensstile besteht. Auf diese Weise geht die tiefe Bedeutung der Kultur der verschiedenen Nationen und der Traditionen der verschiedenen Völker verloren, in denen der Mensch sich mit den Grundfragen der Existenz auseinandersetzt.[62] Eklektizismus und kulturelle Nivellierung laufen auf die Trennung der Kultur von der menschlichen Natur hinaus. So können die Kulturen ihr Maß nicht mehr in einer Natur finden, die über sie hinausgeht,[63] und reduzieren den Menschen schließlich auf ein bloßes kulturelles Phänomen. Wenn das geschieht, gerät die Menschheit in neue Gefahren der Hörigkeit und der Manipulation.

27 In vielen armen Ländern hält als Folge der Nahrungsmittelknappheit die extreme Unsicherheit des Lebens an und läuft Gefahr, sich noch zu verschärfen: Der *Hunger* rafft noch zahllose Opfer unter den vielen Menschen gleich dem „Lazarus" hinweg, denen es nicht gestattet ist, mit dem Reichen an derselben Tafel zu sitzen – wie Papst Paul VI. es gewünscht hatte.[64] *Den Hungrigen zu essen geben* (vgl. Mt 25,35.37.42) ist ein ethischer Imperativ für die Weltkirche, die den Lehren

ihres Gründers Jesus Christus über Solidarität und Teilen entspricht. Den Hunger in der Welt zu beseitigen, ist darüber hinaus in der Ära der Globalisierung auch ein Ziel geworden, das notwendigerweise verfolgt werden muß, um den Frieden und die Stabilität auf der Erde zu bewahren. Der Hunger hängt weniger von einem materiellen Mangel ab, als vielmehr von einem Mangel an gesellschaftlichen Ressourcen, deren wichtigste institutioneller Natur ist. Das heißt, es fehlt eine Ordnung wirtschaftlicher Institutionen, die in der Lage sind, sowohl einen der richtigen Ernährung angemessenen regulären Zugang zu Wasser und Nahrungsmitteln zu garantieren, als auch die Engpässe zu bewältigen, die mit den Grundbedürfnissen und dem Notstand im Fall echter Nahrungsmittelkrisen verbunden sind – Krisen, die natürliche Ursachen haben können oder auch durch nationale und internationale politische Verantwortungslosigkeit hervorgerufen werden. Das Problem der Unsicherheit auf dem Gebiet der Ernährung muß in einer langfristigen Perspektive in Angriff genommen werden, indem man die strukturellen Ursachen, die sie hervorrufen, beseitigt und die landwirtschaftliche Entwicklung der ärmsten Länder fördert. Dies kann geschehen durch Investitionen in die ländliche Infrastruktur, in Bewässerungssysteme, in Transportwesen, in die Organisation von Märkten, in die Bildung und Verbreitung von geeigneten landwirtschaftlichen Techniken – also durch Investitionen, die geeignet sind, die menschlichen, natürlichen und sozioökonomischen Ressourcen, die auf lokaler Ebene am zugänglichsten sind, bestmöglich zu nutzen, so daß die Nachhaltigkeit dieser Investitionen auch langfristig gewährleistet ist. All das muß verwirklicht werden, indem man die lokalen Gemeinschaften in die Auswahl des Ackerlandes und die Entscheidungen bezüglich seiner Nutzung mit einbezieht. Aus dieser Sicht könnte es sich als hilfreich erweisen, die neuen Horizonte zu betrachten, die sich durch einen richtigen Einsatz der traditionellen wie auch der innovativen landwirtschaftlichen Produktionstechniken auftun, vorausgesetzt, daß letztere nach angemessener Prüfung als zweckmäßig, umweltfreundlich und für die am meisten benachteiligten Bevölkerungsgruppen als zuträglich erkannt wurden. Gleichzeitig sollte die Frage einer gerechten Agrarreform in den Entwicklungsländern nicht vernachlässigt werden. Das Recht auf Ernährung sowie das auf Wasser spielen eine wichtige Rolle für die Erlangung anderer Rechte, angefangen vor allem mit dem Grundrecht auf Leben. Darum ist es notwendig, daß ein solidarisches Bewußtsein reift, welches *die Ernährung und den Zugang zum Wasser als allgemeine Rechte aller Menschen* betrachtet, *ohne Unterscheidungen und Diskriminierungen.*[65] Außerdem ist es wichtig zu verdeutlichen, wie der Weg der Solidarisierung mit den armen Ländern ein Projekt zur Lösung der augenblicklichen weltweiten Krise darstellen kann; Politiker und Verantwortliche internationaler Institutionen haben das in letzter Zeit erfaßt. Indem man durch solidarisch ausgerichtete Finanzierungspläne die armen Länder wirtschaftlich unterstützt, damit sie selber dafür sorgen, die Nachfrage ihrer Bürger nach Konsumgütern und Entwicklung zu befriedigen, kann man nicht nur ein echtes Wirtschaftswachstum erzielen, sondern auch dazu beitragen, die Produktionskapazitäten der reichen Länder zu erhalten, die Gefahr laufen, durch die Krise in Mitleidenschaft gezogen zu werden.

28 Einer der augenscheinlichsten Aspekte der heutigen Entwicklung ist die Wichtigkeit des Themas der *Achtung vor dem Leben,* das in keiner Weise von den Fragen bezüglich der Entwicklung der Völker getrennt werden kann. Es handelt sich um einen Aspekt, der in letzter Zeit eine immer größere Bedeutung gewinnt und uns verpflichtet, die Begriffe von Armut[66] und Unterentwicklung auf die Fragen auszudehnen, die mit der Annahme des Lebens verbunden sind, vor allem dort, wo dieses in verschiedener Weise behindert wird.

Nicht nur die Situation der Armut verursacht noch in vielen Regionen hohe Quoten der Kindersterblichkeit, sondern in verschiedenen Teilen der Welt gibt es weiterhin Praktiken der Bevölkerungskontrolle durch die Regierungen, die oft die Empfängnisverhütung verbreiten und sogar so weit gehen, die Abtreibung anzuordnen. In den wirtschaftlich mehr entwickelten Ländern sind die lebensfeindlichen Gesetzgebungen sehr verbreitet und haben bereits die Gewohnheit und die Praxis entscheidend beeinflußt; sie tragen dazu bei, eine geburtenfeindliche Mentalität zu lancieren, die man häufig auch auf andere Staaten zu übertragen sucht, als stelle sie einen kulturellen Fortschritt dar.

Einige Nichtregierungsorganisationen arbeiten aktiv für die Verbreitung der Abtreibung und fördern manchmal in den armen Ländern die Entscheidung für die Praxis der Sterilisierung, auch bei Frauen, die sich der Bedeutung des Eingriffs nicht bewußt sind. Außerdem besteht der begründete Verdacht, daß gelegentlich die Entwicklungshilfe selbst an bestimmte Formen der Gesundheitspolitik geknüpft wird, die de facto die Auferlegung starker Geburtenkontrollen einschließen. Besorgniserregend sind ferner Gesetzgebungen, welche die Euthanasie vorsehen, und ebenso beunruhigend auch der Druck von nationalen und internationalen Gruppen, die deren rechtliche Anerkennung fordern.

Die Offenheit für das Leben steht im Zentrum der wahren Entwicklung. Wenn eine Gesellschaft den Weg der Lebensverweigerung oder -unterdrückung einschlägt, wird sie schließlich nicht mehr die nötigen Motivationen und Energien finden, um sich für das wahre Wohl des Menschen einzusetzen. Wenn der persönliche und gesellschaftliche Sinn für die Annahme eines neuen Lebens verlorengeht, verdorren auch andere, für das gesellschaftliche Leben hilfreiche Formen der Annahme.[67] Die Annahme des Lebens stärkt die moralischen Kräfte und befähigt zu gegenseitiger Hilfe. Wenn die reichen Völker die Offenheit für das Leben pflegen, können sie die Bedürfnisse der armen Völker besser verstehen, die Verwendung ungeheurer wirtschaftlicher und intellektueller Ressourcen zur Befriedigung egoistischer Wünsche bei den eigenen Bürgern vermeiden und statt dessen gute Aktionen im Hinblick auf eine moralisch gesunde und solidarische Produktion fördern, in der Achtung des Grundrechtes jedes Volkes und jedes Menschen auf das Leben.

29 Es gibt noch einen anderen Aspekt des heutigen Lebens, der mit der Entwicklung sehr eng verbunden ist: die Verweigerung des *Rechtes auf Religionsfreiheit*. Ich beziehe mich nicht nur auf die Kämpfe und Konflikte, die in der Welt noch aus religiösen Gründen ausgefochten werden, auch wenn das Religiöse manchmal nur der Deckmantel für andersartige Gründe ist wie die Gier nach Herrschaft und Reichtum. Tatsächlich wird heute oft im heiligen Namen Gottes getötet, wie mein Vorgänger Papst Johannes Paul II. und ich selbst wiederholt öffentlich betont und mißbilligt haben.[68] Gewalt aller Art bremst die authentische Entwicklung und behindert den Übergang der Völker zu größerem sozioökonomischen und geistigen Wohlbefinden. Das gilt speziell für den Terrorismus mit fundamentalistischem Hintergrund,[69] der Leid, Verwüstung und Tod verursacht, den Dialog zwischen den Nationen blockiert und große Geldmittel von ihrem friedlichen und zivilen Einsatz abzieht. Es muß jedoch hinzugefügt werden, daß außer dem

religiösen Fanatismus, der in einigen Bereichen die Ausübung des Rechtes auf Religionsfreiheit verhindert, auch die planmäßige Förderung der religiösen Indifferenz oder des praktischen Atheismus durch viele Länder den Bedürfnissen der Entwicklung der Völker widerspricht, indem sie ihnen spirituelle und humane Reichtümer entzieht. *Gott ist der Garant der wahren Entwicklung des Menschen,* denn da er ihn nach seinem Bild geschaffen hat, begründet er auch seine transzendente Würde und nährt sein Grundverlangen, „mehr zu sein". Der Mensch ist nicht etwa ein verlorenes Atom in einem Zufalls-Universum,[70] sondern ein Geschöpf Gottes, das von ihm eine unsterbliche Seele empfangen hat und von Ewigkeit her geliebt worden ist. Wenn der Mensch nur das Ergebnis des Zufalls bzw. der Notwendigkeit wäre oder wenn er seine Bestrebungen auf den begrenzten Horizont der Situationen reduzieren müßte, in denen er lebt, wenn alles allein Geschichte und Kultur wäre und der Mensch nicht eine Natur besäße, die dazu bestimmt ist, sich in einem übernatürlichen Leben selbst zu überschreiten, könnte man von Wachstum oder Evolution sprechen, aber nicht von Entwicklung. Wenn der Staat Formen eines praktischen Atheismus fördert, lehrt oder sogar durchsetzt, entzieht er seinen Bürgern die moralische und geistige Kraft, die für den Einsatz in der ganzheitlichen menschlichen Entwicklung unentbehrlich ist, und hindert sie, mit neuer Lebendigkeit im eigenen Engagement für eine großherzigere menschliche Antwort auf die göttliche Liebe voranzuschreiten.[71] Es kommt auch vor, daß die wirtschaftlich entwickelten Länder oder die Schwellenländer im Rahmen ihrer kulturellen, kommerziellen und politischen Beziehungen diese herabwürdigende Sicht des Menschen und seiner Bestimmung in die armen Länder exportieren. Das ist der Schaden, den die „Überentwicklung"[72] der echten Entwicklung zufügt, wenn sie von der „moralischen Unterentwicklung"[73] begleitet ist.

30 In dieser Richtung bekommt das Thema der ganzheitlichen Entwicklung des Menschen eine noch umfassendere Tragweite: Die Wechselbeziehung zwischen ihren vielfältigen Elementen erfordert, daß man sich darum bemüht, die *verschiedenen Ebenen des menschlichen Wissens* im Hinblick auf die Förderung einer wahren Entwicklung der Völker *interagieren zu lassen.* Oft wird die Meinung vertreten, die Entwicklung bzw. die entsprechenden sozioökonomischen Maßnahmen verlangten nur ihre Realisierung als Frucht eines gemeinsamen Handelns. Dieses gemeinsame Handeln muß aber orientiert werden, denn „alles soziale Handeln setzt eine Lehre voraus".[74] Angesichts der Komplexität der Probleme ist es klar, daß die verschiedenen Disziplinen mittels einer geordneten Interdisziplinarität zusammenarbeiten müssen. Die Liebe schließt das Wissen nicht aus, ja, sie verlangt, fördert und belebt es von innen her. Das Wissen ist niemals allein das Werk der Intelligenz. Es kann zwar auf ein Kalkül oder Experiment reduziert werden, wenn es

aber Weisheit sein will, die imstande ist, den Menschen im Licht der Grundprinzipien und seiner letzten Ziele zu orientieren, dann muß sie mit dem „Salz" der Liebe „gewürzt" sein. Das Tun ist blind ohne das Wissen, und das Wissen ist steril ohne die Liebe. Denn „der wahre Liebende [ist] erfinderisch im Entdecken von Ursachen des Elends, im Finden der Mittel, es zu überwinden und zu beseitigen".[75] Gegenüber den vor uns liegenden Phänomenen verlangt die Liebe in der Wahrheit vor allem ein Erkennen und ein Verstehen im Bewußtsein und in der Achtung der spezifischen Kompetenz jeder Ebene des Wissens. Die Liebe ist keine nachträgliche Hinzufügung, gleichsam ein Anhängsel an die von den verschiedenen Disziplinen bereits getane Arbeit, sondern sie steht mit diesen von Anfang an im Dialog. Die Ansprüche der Liebe stehen zu denen der Vernunft nicht im Widerspruch. Das menschliche Wissen ist ungenügend, und die Schlußfolgerungen der Wissenschaften können allein den Weg zur ganzheitlichen Entwicklung des Menschen nicht weisen. Es ist immer nötig, *darüber hinaus* weiter vorzustoßen – das verlangt die Liebe in der Wahrheit.[76] Darüber hinaus zu gehen bedeutet jedoch niemals, von den Schlüssen der Vernunft abzusehen, noch ihren Ergebnissen zu widersprechen. Intelligenz und Liebe stehen nicht einfach nebeneinander: *Es gibt die an Intelligenz reiche Liebe und die von Liebe erfüllte Intelligenz.*

31 Das bedeutet, daß die moralischen Bewertungen und die wissenschaftliche Forschung gemeinsam wachsen müssen und daß die Liebe sie in einer harmonischen interdisziplinären Ganzheit, die aus Einheit und Unterschiedenheit besteht, beseelen muß. Die Soziallehre der Kirche, die *„eine wichtige interdisziplinäre Dimension“*[77] hat, kann aus dieser Perspektive eine Funktion von außerordentlicher Wirksamkeit erfüllen. Sie gestattet dem Glauben, der Theologie, der Metaphysik und den Wissenschaften, ihren Platz innerhalb einer Zusammenarbeit im Dienst des Menschen zu finden. Vor allem hier realisiert die Soziallehre der Kirche ihre auf der Weisheit beruhende Dimension. Papst Paul VI. hatte deutlich gesehen, wie die Unterentwicklung unter anderem auch dadurch verursacht wird, daß es an Weisheit, an Reflexion, an einem Denken fehlt, das imstande ist, eine richtungweisende Synthese aufzustellen;[78] für sie bedarf es „einer klaren Konzeption auf wirtschaftlichem, sozialem, kulturellem und geistigem Gebiet“.[79] Die übertriebene Aufteilung des Wissens in Fachbereiche,[80] das Sich-Verschließen der Humanwissenschaften gegenüber der Metaphysik,[81] die Schwierigkeiten im Dialog der Wissenschaften mit der Theologie schaden nicht nur der Entwicklung des Wissens, sondern auch der Entwicklung der Völker, denn in diesen Fällen wird der Blick auf das ganze Wohl des Menschen in den verschiedenen Dimensionen, die es charakterisieren, verstellt. Die „Ausweitung unseres Vernunftbegriffs und

-gebrauchs“[82] ist unerläßlich, um alle Elemente der Frage nach der Entwicklung und der Lösung der sozioökonomischen Probleme angemessen abwägen zu können.

32 Die großen Neuheiten, die das Gesamtbild der Entwicklung der Völker heute aufweist, machen in vielen Fällen *neue Lösungen* erforderlich. Sie müssen unter Beachtung der Eigengesetze jeder Realität und zugleich im Licht einer ganzheitlichen Sicht des Menschen gesucht werden – einer Sicht, welche die verschiedenen Aspekte des Menschen widerspiegelt, wie sie sich dem von der Liebe geläuterten Blick darstellen. Dann wird man einzigartige Übereinstimmungen und konkrete Lösungsmöglichkeiten entdecken, ohne auf irgendeinen fundamentalen Bestandteil des menschlichen Lebens zu verzichten.

Die Würde der Person und die Erfordernisse der Gerechtigkeit verlangen, daß – vor allem heute – die wirtschaftlichen Entscheidungen die Unterschiede im Besitztum nicht in übertriebener und moralisch unhaltbarer Weise vergrößern[83] und daß *als Priorität weiterhin das Ziel verfolgt* wird, *allen Zugang zur Arbeit zu verschaffen* und für den Erhalt ihrer Arbeitsmöglichkeit zu sorgen. Recht besehen erfordert das auch die „wirtschaftliche Vernunft“. Die systembedingte Zunahme der Ungleichheit unter Gesellschaftsgruppen innerhalb eines Landes und unter den Bevölkerungen verschiedener Länder bzw. das massive Anwachsen der relativen Armut, neigt nicht nur dazu, den gesellschaftlichen

Zusammenhalt zu untergraben, und bringt auf diese Weise die Demokratie in Gefahr. Auch auf wirtschaftlicher Ebene wirkt sie sich negativ aus: durch fortschreitende Abtragung des „Gesellschaftskapitals", bzw. durch Untergrabung jener Gesamtheit von Beziehungen, die auf Vertrauen, Zuverlässigkeit und Einhaltung der Regeln gründen und die unverzichtbar sind für jedes bürgerliche Zusammenleben.

Zudem sagt uns die Wirtschaftswissenschaft, daß eine strukturelle Situation der Unsicherheit Verhaltensweisen erzeugt, welche die Produktion hemmen und menschliche Ressourcen verschwenden, insofern der Arbeitnehmer dazu neigt, sich passiv den automatischen Mechanismen zu fügen, anstatt Kreativität zu entwickeln. Auch in diesem Punkt gibt es eine Übereinstimmung zwischen Wirtschaftswissenschaft und moralischer Bewertung. *Der menschliche Preis ist immer auch ein wirtschaftlicher Preis,* und die wirtschaftlichen Mißstände fordern immer auch einen menschlichen Preis.

Ferner muß daran erinnert werden, daß die Reduzierung der Kulturen auf die technologische Dimension, selbst wenn sie kurzfristig die Erlangung eines Gewinns fördern mag, auf lange Sicht die gegenseitige Bereicherung und die Dynamiken der Zusammenarbeit behindert. Es ist wichtig, zwischen kurzfristigen und langfristigen wirtschaftlichen oder soziologischen Überlegungen zu unterscheiden. Die Senkung des Rechtsschutzniveaus für die Arbeiter oder der Verzicht auf Mechanismen der Umverteilung des Gewinns, damit das Land eine größere internationale Wettbewerbsfähigkeit erlangt, verhindern, daß sich eine langfristige Entwicklung durchsetzen kann. So sollten die Konsequenzen, welche die aktuellen Tendenzen zu einer kurzfristig, bisweilen extrem kurzfristig angelegten Wirtschaft für die Menschen haben, aufmerksam abgewogen werden. Das verlangt *„eine neue und vertiefte Reflexion über den Sinn der Wirtschaft und ihrer Ziele“*[84] sowie eine tiefgreifende und weitblickende Revision des Entwicklungsmodells, um seine Mißstände und Verzerrungen zu korrigieren. Tatsächlich ist dies ein Erfordernis der ökologischen Gesundheit des Planeten; und vor allem ist es eine Notwendigkeit, die sich aus der kulturellen und moralischen Krise des Menschen ergibt, deren Symptome seit langem in allen Teilen der Welt sichtbar sind.

33 Über vierzig Jahre nach der Enzyklika *Populorum progressio* ist ihr Grundthema, eben der Fortschritt, *nach wie vor ein noch offenes Problem,* das sich durch die augenblickliche Wirtschafts- und Finanzkrise verschärft hat und noch dringender geworden ist. Wenn einige Regionen der Erde, die einst durch die Armut belastet waren, bemerkenswerte Änderungen im Sinn eines wirtschaftlichen Wachstums und einer Beteiligung an der Weltproduktion erfahren haben, so leben andere Zonen noch in einer Situation des Elends, die jener zur Zeit Papst Pauls VI. vergleichbar ist, ja,

in einigen Fällen kann man sogar von einer Verschlechterung sprechen. Es ist bezeichnend, daß einige Ursachen dieser Situation bereits in *Populorum progressio* ausgemacht worden waren, wie zum Beispiel die von den wirtschaftlich entwickelten Ländern festgesetzten hohen Grenzzölle, welche die Produkte aus den armen Ländern immer noch daran hindern, auf die Märkte der reichen Länder zu gelangen. Andere Ursachen hingegen, welche die Enzyklika nur angedeutet hatte, sind in der Folge deutlicher hervorgetreten. Das trifft auf die Bewertung des Entkolonisierungsprozesses zu, der damals in vollem Gange war. Papst Paul VI. wünschte sich einen autonomen Verlauf, der sich in Freiheit und Frieden vollziehen sollte. Nach über vierzig Jahren müssen wir eingestehen, wie schwierig dieser Verlauf gewesen ist, sei es aufgrund neuer Formen von Kolonialismus und Abhängigkeit von alten und neuen Hegemonialländern, sei es durch schwerwiegende Verantwortungslosigkeiten innerhalb der Länder selbst, die sich unabhängig gemacht haben.

Die hauptsächliche Neuheit war die *Explosion der weltweiten wechselseitigen Abhängigkeit*, die inzwischen unter der Bezeichnung „Globalisierung" allgemein bekannt ist. Papst Paul VI. hatte sie teilweise vorausgesehen, doch das Ausmaß und die Heftigkeit, mit der sie sich entwickelt hat, sind erstaunlich. In den wirtschaftlich entwickelten Ländern entstanden, hat dieser Prozeß seiner Natur entsprechend eine Einbeziehung sämtlicher Ökonomien verursacht. Er war der Hauptantrieb für das Heraustreten ganzer Regionen aus der Unterentwicklung und stellt an sich eine große Chance dar. Ohne die Führung der Liebe in der Wahrheit kann dieser weltweite Impuls allerdings dazu beitragen, die Gefahr bisher ungekannter Schäden und neuer Spaltungen in der Menschheitsfamilie heraufzubeschwören. Darum stellen uns die Liebe und die Wahrheit vor einen ganz neuen und kreativen Einsatz, der freilich sehr umfangreich und komplex ist. Es geht darum, *die Vernunft auszuweiten und sie fähig zu machen, diese eindrucksvollen neuen Dynamiken zu erkennen und auszurichten,* indem man sie im Sinn jener „Kultur der Liebe" beseelt, deren Samen Gott in jedes Volk und in jede Kultur gelegt hat.

Drittes Kapitel

Brüderlichkeit, wirtschaftliche Entwicklung und Zivilgesellschaft

34 Die *Liebe in der Wahrheit* stellt den Menschen vor die staunenswerte Erfahrung des Geschenks. Die Unentgeltlichkeit ist in seinem Leben in vielerlei Formen gegenwärtig, die aufgrund einer nur produktivistischen und utilitaristischen Sicht des Daseins jedoch oft nicht erkannt werden. Der Mensch ist für das Geschenk geschaffen, das seine transzendente Dimension ausdrückt und umsetzt. Manchmal ist der moderne Mensch fälschlicherweise der Überzeugung, der einzige Urheber seiner selbst, seines Lebens und der Gesellschaft zu sein. Diese Überheblichkeit ist eine Folge des egoistischen Sich-in-sich-selbst-Verschließens und rührt – in Begriffen des Glaubens gesprochen – von der *Ursünde* her. Die Weisheit der Kirche hat stets vorgeschlagen, die Erbsünde auch bei der Interpretation der sozialen Gegebenheiten und beim Aufbau der Gesellschaft zu beachten: „Zu übersehen, daß der Mensch eine verwundete, zum Bösen geneigte Natur hat, führt zu schlimmen Irrtümern im Bereich der Erziehung, der Politik, des gesellschaftlichen Handelns und der Sittlichkeit".[85] Zur Aufzählung der Bereiche, in denen sich die schäd-

lichen Auswirkungen der Sünde zeigen, gehört nun schon seit langer Zeit auch jener der Wirtschaft. Auch unsere Zeit liefert uns dafür einen offensichtlichen Beleg. Die Überzeugung, sich selbst zu genügen und in der Lage zu sein, das in der Geschichte gegenwärtige Übel allein durch das eigene Handeln überwinden zu können, hat den Menschen dazu verleitet, das Glück und das Heil in immanenten Formen des materiellen Wohlstands und des sozialen Engagements zu sehen. Weiter hat die Überzeugung, daß die Wirtschaft Autonomie erfordert und keine moralische „Beeinflussung" zulassen darf, den Menschen dazu gedrängt, das Werkzeug der Wirtschaft sogar auf zerstörerische Weise zu mißbrauchen. Langfristig haben diese Überzeugungen zu wirtschaftlichen, gesellschaftlichen und politischen Systemen geführt, die die Freiheit der Person und der gesellschaftlichen Gruppen unterdrückt haben und genau aus diesem Grund nicht in der Lage waren, für die Gerechtigkeit zu sorgen, die sie versprochen hatten. Wie ich schon in meiner Enzyklika *Spe salvi* geschrieben habe, entfernt man auf diese Weise die *christliche Hoffnung* aus der Geschichte,[86] die jedoch ein kraftvolles Potential im Dienste der umfassenden Entwicklung des Menschen darstellt, die in der Freiheit und in der Gerechtigkeit gesucht wird. Die Hoffnung ermutigt die Vernunft und gibt ihr die Kraft, den Willen zu lenken.[87] Sie ist bereits im Glauben gegenwärtig, von dem sie geradezu geweckt wird. Die Liebe in der Wahrheit nährt sich aus ihr und macht sie zugleich sichtbar. Da die Hoffnung ein völlig unentgeltliches Geschenk Gottes ist, tritt sie als etwas Ungeschuldetes in unser Leben herein, das über jedes Gesetz der Gerechtigkeit hinausgeht. Das Geschenk übertrifft seinem Wesen nach den Verdienst, sein Gesetz ist das Übermaß. Es kommt uns in unserer Seele zuvor als Zeichen der Gegenwart Gottes in uns und seiner Erwartung an uns. Die Wahrheit, die wie die Liebe ein Geschenk ist, ist, so lehrt der heilige Augustinus, größer als wir.[88] Auch die Wahrheit über uns selbst, über unsere eigene Erkenntnis, ist uns zuallererst „geschenkt". Denn in jedem Erkenntnisvorgang wird die Wahrheit nicht von uns erzeugt, sondern immer gefunden, oder besser, empfangen. Die Wahrheit kommt wie die Liebe „nicht aus Denken und Wollen, sondern übermächtigt gleichsam den Menschen".[89]

Da die Liebe in der Wahrheit eine Gabe ist, die alle empfangen, stellt sie eine Kraft dar, die Gemeinschaft stiftet, die die Menschen auf eine Weise vereint, die keine Barrieren und Grenzen kennt. Die Gemeinschaft der Menschen kann von uns selbst gestiftet werden, aber sie wird allein aus eigener Kraft nie eine vollkommen brüderliche Gemeinschaft sein und jede Abgrenzung überwinden, das heißt, eine wirklich universale Gemeinschaft werden: die Einheit des Menschengeschlechts, eine brüderliche Gemeinschaft jenseits jedweder Teilung, wird aus dem zusammenrufenden Wort Gottes, der die Liebe ist, geboren. Bei der Behandlung dieser entscheidenden Frage müssen wir einerseits präzisieren, daß die Logik des Geschenks die Gerechtigkeit nicht ausschließt oder ihr in einem zweiten Moment und von außen hinzugefügt wird, und andererseits, daß eine wirtschaftliche, gesellschaftliche und politische Entwicklung, die wahrhaft menschlich sein will, dem *Prinzip der Unentgeltlichkeit* als Ausdruck der Brüderlichkeit Raum geben muß.

35 Der *Markt* ist, wenn gegenseitiges und allgemeines Vertrauen herrscht, die wirtschaftliche Institution, die die Begegnung zwischen den Menschen ermöglicht, welche als Wirtschaftstreibende ihre Beziehungen durch einen Vertrag regeln und die gegeneinander aufrechenbaren Güter und Dienstleistungen austauschen, um ihre Bedürfnisse und Wünsche zu befriedigen. Der Markt unterliegt den Prinzipien der sogenannten *ausgleichenden Gerechtigkeit,* die die Beziehungen des Gebens und Empfangens zwischen gleichwertigen Subjekten regelt. Aber die Soziallehre der Kirche hat stets die Wichtigkeit der *distributiven Gerechtigkeit* und der *sozialen Gerechtigkeit* für die Marktwirtschaft selbst betont, nicht nur weil diese in das Netz eines größeren sozialen und politischen Umfelds eingebunden ist, sondern auch aufgrund des Beziehungsgeflechts, in dem sie abläuft. Denn wenn der Markt nur dem Prinzip der Gleichwertigkeit der getauschten Güter überlassen wird, ist er nicht in der Lage, für den sozialen Zusammenhalt zu sorgen, den er jedoch braucht, um gut zu funktionieren. *Ohne so-*

lidarische und von gegenseitigem Vertrauen geprägte Handlungsweisen in seinem Inneren kann der Markt die ihm eigene wirtschaftliche Funktion nicht vollkommen erfüllen. Heute ist dieses Vertrauen verlorengegangen, und der Vertrauensverlust ist ein schwerer Verlust.

Papst Paul VI. hat in der Enzyklika *Populorum progressio* richtigerweise die Tatsache unterstrichen, daß allgemein verbreitete gerechte Handlungsweisen für das Wirtschaftssystem selbst einen Vorteil darstellen, da die reichen Länder die ersten Nutznießer des wirtschaftlichen Aufschwungs der armen Länder sind.[90] Dabei handelte es sich nicht nur darum, Fehlfunktionen durch Hilfsleistungen zu korrigieren. Die Armen dürfen nicht als eine „Last"[91] angesehen werden, sondern als eine Ressource, auch unter streng wirtschaftlichem Gesichtspunkt. Es muß jedoch die Sichtweise jener als unrichtig verworfen werden, nach denen die Marktwirtschaft strukturell auf eine Quote von Armut und Unterentwicklung angewiesen sei, um bestmöglich funktionieren zu können. Es ist im Interesse des Marktes, Emanzipierung zu fördern, aber um dies zu erreichen, darf er sich nicht nur auf sich selbst verlassen, denn er ist nicht in der Lage, von sich aus das zu erreichen, was seine Möglichkeiten übersteigt. Er muß vielmehr auf die moralischen Kräfte anderer Subjekte zurückgreifen, die diese hervorbringen können.

36 Das Wirtschaftsleben kann nicht alle gesellschaftlichen Probleme durch die schlichte Ausbreitung des *Geschäftsdenkens* überwinden. Es soll *auf das Erlangen des Gemeinwohls ausgerichtet* werden, für das auch und vor allem die politische Gemeinschaft sorgen muß. Es darf daher nicht vergessen werden, daß die Trennung zwischen der Wirtschaftstätigkeit, der die Aufgabe der Schaffung des Reichtums zukäme, und der Politik, die sich mittels Umverteilung um die Gerechtigkeit zu kümmern habe, schwere Störungen verursacht.

Die Kirche vertritt seit jeher, daß die Wirtschaftstätigkeit nicht als antisozial angesehen werden darf. Der Markt ist an sich nicht ein Ort der Unterdrückung des Armen durch den Reichen und darf daher auch nicht dazu werden. Die Gesellschaft muß sich nicht vor dem Markt schützen, als ob seine Entwicklung *ipso facto* zur Zerstörung wahrhaft menschlicher Beziehungen führen würde. Es ist sicher richtig, daß der Markt eine negative Ausrichtung haben kann, nicht weil dies seinem Wesen entspräche, sondern weil eine gewisse Ideologie ihm diese Ausrichtung geben kann. Es darf nicht vergessen werden, daß es den Markt nicht in einer Reinform gibt. Er erhält seine Gestalt durch die kulturellen Gegebenheiten, die ihm eine konkrete Prägung und Orientierung geben. Die Wirtschaft und das Finanzwesen können, insofern sie Mittel sind, tatsächlich schlecht gebraucht werden, wenn der Verantwortliche sich nur von egoistischen Interessen leiten läßt. So können an sich gute Mittel in schadenbringende Mittel verwandelt werden. Doch diese Konsequenzen bringt die verblendete Vernunft der Menschen hervor, nicht die Mittel selbst. Daher muß sich der Appell nicht an das Mittel, sondern an den Menschen richten, an sein moralisches Gewissen und an seine persönliche und soziale Verantwortung.

Die Soziallehre der Kirche ist der Ansicht, daß wahrhaft menschliche Beziehungen in Freundschaft und Gemeinschaft, Solidarität und Gegenseitigkeit auch innerhalb der Wirtschaftstätigkeit und nicht nur außerhalb oder „nach" dieser gelebt werden können. Der Bereich der Wirtschaft ist weder moralisch neutral noch von seinem Wesen her unmenschlich und antisozial. Er gehört zum Tun des Menschen und muß, gerade weil er menschlich ist, nach moralischen Gesichtspunkten strukturiert und institutionalisiert werden.

Vor uns liegt eine große Herausforderung, die von den Problemen der Entwicklung in dieser Zeit der Globalisierung hervorgebracht und durch die Wirtschafts- und Finanzkrise noch weiter erschwert wurde: Wir müssen in unserem Denken und Handeln nicht nur zeigen, daß die traditionellen sozialethischen Prinzipien wie die Transparenz, die Ehrlichkeit und die Verantwortung nicht vernachlässigt oder geschwächt werden dürfen, sondern auch, daß in den geschäftlichen Beziehungen das Prinzip der Unentgeltlichkeit und die Logik des Geschenks als Ausdruck der Brüderlichkeit im normalen wirtschaftlichen Leben Platz haben können und müssen. Das ist ein Erfordernis des Menschen in unserer jetzigen Zeit, aber auch ein Erfordernis des wirtschaftlichen Denkens selbst. Es ist zugleich ein Erfordernis der Liebe und der Wahrheit.

37 Die Soziallehre der Kirche hat immer bekräftigt, daß *die Gerechtigkeit alle Phasen der Wirtschaftstätigkeit betrifft*, da diese stets mit dem Menschen und mit seinen Bedürfnissen zu tun hat. Die Beschaffung von Ressourcen, die Finanzierung, die Produktion, der Konsum und alle übrigen Phasen haben unvermeidbar moralische Folgen. *So hat jede wirtschaftliche Entscheidung eine moralische Konsequenz.* All das bestätigt sich auch in den Sozialwissenschaften und in den Tendenzen der heutigen Wirtschaft. Vielleicht war es früher denkbar, der Wirtschaft die Schaffung des Reichtums anzuvertrauen, um dann der Politik die Aufgabe zu übertragen, diesen zu verteilen. Heute erscheint das schwieriger, da die wirtschaftlichen Tätigkeiten nicht an territoriale Grenzen gebunden sind, während die Autorität der Regierungen weiter vorwiegend örtlich beschränkt ist. Darum müssen die Regeln der Gerechtigkeit von Anfang an beachtet werden, während der wirtschaftliche Prozeß in Gang ist, und nicht mehr danach oder parallel dazu. Darüber hinaus ist es nötig, daß Räume für wirtschaftliche Tätigkeiten geschaffen werden, die von Trägern durchgeführt werden, die ihr Handeln aus freiem Entschluß nach Prinzipien ausrichten,

die sich vom reinen Profitstreben unterscheiden, die aber dennoch weiter wirtschaftliche Werte hervorbringen wollen. Die vielen Ausdrucksformen der Wirtschaft, die aus konfessionellen und nicht konfessionellen Initiativen hervorgegangen sind, zeigen, daß das eine konkrete Möglichkeit ist.

In der Zeit der Globalisierung leidet die Wirtschaft an konkurrierenden Modellen, die von sehr unterschiedlichen Kulturen abhängig sind. Die daraus hervorgehenden wirtschaftlich-unternehmerischen Verhaltensweisen finden vorwiegend in der Beachtung der ausgleichenden Gerechtigkeit einen Berührungspunkt. Das *Wirtschaftsleben* braucht ohne Zweifel *Verträge*, um den Tausch von einander entsprechenden Werten zu regeln. Ebenso sind jedoch *gerechte Gesetze*, von der Politik geleitete *Mechanismen zur Umverteilung* und darüber hinaus Werke, die vom *Geist des Schenkens* geprägt sind, nötig. Die globalisierte Wirtschaft scheint die erste Logik, jene des vertraglich vereinbarten Gütertausches, zu bevorzugen, aber direkt und indirekt zeigt sie, daß sie auch die anderen beiden Formen braucht, die Logik der Politik und die Logik des Geschenks ohne Gegenleistung.

38 Mein Vorgänger Papst Johannes Paul II. hat auf diese Problematik hingewiesen, als er in der Enzyklika *Centesimus annus* die Notwendigkeit eines Systems mit drei Subjekten aufzeigte: dem *Markt*, dem *Staat* und der *Zivilgesellschaft*.[92] In der Zivilgesellschaft sah er den geeignetsten Be-

reich für eine *Wirtschaft der Unentgeltlichkeit* und der Brüderlichkeit, aber er wollte diese nicht für die anderen beiden Bereiche ausschließen. Heute können wir sagen, daß das Wirtschaftsleben als eine mehrdimensionale Realität verstanden werden muß: In allen muß in unterschiedlichem Umfang und in eigenen Formen der Aspekt der brüderlichen Gegenseitigkeit vorhanden sein. In der Zeit der Globalisierung kann die Wirtschaftstätigkeit nicht auf die Unentgeltlichkeit verzichten, die die Solidarität und das Verantwortungsbewußtsein für die Gerechtigkeit und das Gemeinwohl in seinen verschiedenen Subjekten und Akteuren verbreitet und nährt. Es handelt sich dabei schließlich um eine konkrete und tiefgründige Form wirtschaftlicher Demokratie. Solidarität bedeutet vor allem, daß sich alle für alle verantwortlich fühlen,[93] und daher kann sie nicht allein dem Staat übertragen werden. Während man früher der Ansicht sein konnte, daß man zuerst für Gerechtigkeit sorgen müsse und daß die Unentgeltlichkeit danach als ein Zusatz hinzukäme, muß man heute festhalten, daß ohne die Unentgeltlichkeit auch die Gerechtigkeit nicht erreicht werden kann. Es bedarf daher eines Marktes, auf dem Unternehmen mit unterschiedlichen Betriebszielen frei und unter gleichen Bedingungen tätig sein können. Neben den gewinnorientierten Privatunternehmen und den verschiedenen Arten von staatlichen Unternehmen sollen auch die nach wechselseitigen und sozialen Zielen strebenden Produktionsverbände einen Platz finden und tätig sein können. Aus ihrem Zusammentreffen auf dem Markt kann man sich erhoffen, daß es zu einer Art Kreuzung und Vermischung der unternehmerischen Verhaltensweisen kommt und daß in der Folge spürbar auf eine *Zivilisierung der Wirtschaft* geachtet wird. Liebe in der Wahrheit bedeutet in diesem Fall, daß jenen wirtschaftlichen Initiativen Gestalt und Struktur verliehen wird, die den Gewinn zwar nicht ausschließen, aber über die Logik des Äquivalenzprinzips und des Gewinns als Selbstzweck hinausgehen wollen.

39 Papst Paul VI. sprach sich in der Enzyklika *Populorum progressio* für die *Schaffung eines Marktwirtschaftsmodells aus, das wenigstens tendenziell alle Völker einschließen kann und nicht nur jene, die über entsprechende Möglichkeiten und Fähigkeiten verfügen*. Er verlangte, sich dafür einzusetzen, daß eine für alle menschlichere Welt entstehe, eine Welt, „wo alle geben und empfangen können, ohne daß der Fortschritt der einen ein Hindernis für die Entwicklung der anderen ist".[94] Damit dehnte er die Forderungen und Ziele der Enzyklika *Rerum novarum* auf eine universale Ebene aus. Als jene Enzyklika als Antwort auf die industrielle Revolution erschien, setzte sich zum ersten Mal der damals sicher fortschrittliche Gedanke durch, daß der Fortbestand der gesellschaftlichen Ordnung auch eines umverteilenden Eingreifens des Staates bedarf. Heute erweist sich diese Sicht auch abgesehen davon, daß sie durch die Öffnung der Märkte

und der gesellschaftlichen Gruppen in Krise geraten ist, als unvollständig und kann die Ansprüche an eine voll und ganz menschliche Wirtschaft nicht erfüllen. Was die Soziallehre der Kirche ausgehend von ihrer Sicht des Menschen und der Gesellschaft immer vertreten hat, ist heute auch aufgrund der Dynamiken erforderlich, die die Globalisierung mit sich bringt.

Wenn die Logik des Marktes und die Logik des Staates mit gegenseitigem Einverständnis auf dem Monopol ihrer jeweiligen Einflußbereiche beharren, gehen langfristig die Solidarität in den Beziehungen zwischen den Bürgern, die Anteilnahme und die Beteiligung sowie die unentgeltliche Tätigkeit verloren. Diese unterscheiden sich vom „Geben, um zu haben", das die Logik des Tausches ausmacht, und vom „Geben aus Pflicht", das für die öffentlichen Verhaltensweisen gilt, die durch staatliche Gesetze auferlegt werden. Die Überwindung der Unterentwicklung erfordert ein Eingreifen nicht nur zur Verbesserung der auf Gütertausch beruhenden Transaktionen, nicht nur im Bereich der Leistungen der öffentlichen Hilfseinrichtungen, sondern vor allem eine *fortschreitende Offenheit auf weltweiter Ebene für wirtschaftliche Tätigkeiten, die sich durch einen Anteil von Unentgeltlichkeit und Gemeinschaft auszeichnen.* Die exklusive Kombination Markt-Staat zersetzt den Gemeinschaftssinn. Die Formen solidarischen Wirtschaftslebens hingegen, die ihren fruchtbarsten Boden im Bereich der Zivilgesellschaft finden, ohne sich auf diese zu beschränken, schaffen Solidarität. Es gibt keinen Markt der Unentgeltlichkeit, und eine Haltung der Unentgeltlichkeit kann nicht per Gesetz verordnet werden. Dennoch brauchen sowohl der Markt als auch die Politik Menschen, die zur Hingabe aneinander bereit sind.

40 Die derzeitigen internationalen wirtschaftlichen Dynamiken mit ihren schwerwiegenden Verzerrungen und Mißständen erfordern, daß *sich auch das Verständnis des Unternehmens tiefgreifend verändern muß*. Alte Formen der Unternehmertätigkeit gehen ihrem Ende entgegen, doch am Horizont werden neue vielversprechende Formen sichtbar. Eine der größten Gefahren ist sicher die, daß das Unternehmen fast ausschließlich gegenüber den Investoren verantwortlich ist und so letztendlich an Bedeutung für die Gesellschaft einbüßt. Aufgrund der wachsenden Größe und des zunehmenden Kapitalbedarfs hängen immer weniger Unternehmen von einem gleichbleibenden Unternehmer ab, der sich langfristig – und nicht nur vorübergehend – für die Tätigkeit und die Ergebnisse seines Unternehmens verantwortlich fühlt, und immer seltener hängen Unternehmen nur von einer Region ab. Außerdem kann die sogenannte Auslagerung der Produktionstätigkeit das Verantwortungsbewußtsein des Unternehmers gegenüber Interessensträgern wie den Arbeitnehmern, den Zulieferern, den Konsumenten, der Umwelt und dem größeren gesellschaftlichen

Umfeld zugunsten der Aktionäre verringern, die nicht an einen bestimmten Ort gebunden sind und daher außerordentlich beweglich sind. Der internationale Kapitalmarkt bietet heute tatsächlich einen großen Handlungsspielraum. Zugleich wächst aber auch das Bewußtsein für die Notwendigkeit einer weiterreichenden „sozialen Verantwortung" des Unternehmens. Auch wenn nicht alle ethischen Konzepte, die heute die Debatte über die soziale Verantwortung des Unternehmens bestimmen, aus der Sicht der Soziallehre der Kirche annehmbar sind, so ist es doch eine Tatsache, daß sich eine Grundüberzeugung ausbreitet, nach der *die Führung des Unternehmens nicht allein auf die Interessen der Eigentümer achten darf, sondern muß auch auf die von allen anderen Personenkategorien eingehen, die zum Leben des Unternehmens beitragen:* die Arbeitnehmer, die Kunden, die Zulieferer der verschiedenen Produktionselemente, die entsprechende Gemeinde. In den vergangenen Jahren war eine Zunahme einer kosmopolitischen Klasse von Managern zu beobachten, die sich oft nur nach den Anweisungen der Hauptaktionäre richten, bei denen es sich normalerweise um anonyme Fonds handelt, die de facto den Verdienst der Manager bestimmen. Auch heute gibt es jedoch viele Manager, die sich dank weitblickender Analysen immer mehr der tiefgreifenden Verbindungen bewußt werden, die ihr Unternehmen mit der Region oder den Regionen, in denen es arbeitet, hat. Papst Paul VI. lud dazu ein, ernsthaft zu bedenken, welchen Schaden es dem eigenen Land zufügen kann, wenn Kapital nur zum persönlichen Vorteil ins Ausland geschafft wird.[95] Papst Johannes Paul II. merkte an, daß *eine Investition neben der wirtschaftlichen immer auch eine moralische Bedeutung hat.*[96] Es muß betont werden, daß all das auch heute gilt, auch wenn der Kapitalmarkt stark liberalisiert worden ist und die moderne technologische Denkweise dazu verleiten kann, in einer Investition nur einen technischen Vorgang und nicht auch eine menschliche und ethische Handlung zu sehen. Es gibt keinen Grund zu leugnen, daß ein gewisses Kapital Gutes bewirken kann, wenn es im Ausland und nicht in der Heimat investiert wird. Es müssen aber die aus Gerechtigkeit bestehenden Ansprüche gewährt sein, wobei auch zu beachten ist, wie dieses Kapital entstanden ist und welchen Schaden die Menschen davontragen, wenn es nicht an den Orten eingesetzt wird, wo es geschaffen wurde.[97] Man muß vermeiden, daß die finanziellen Ressourcen zur Spekulation verwendet werden und man der Versuchung nachgibt, nur einen kurzfristigen Gewinn zu suchen und nicht auch den langfristigen Bestand des Unternehmens, den Nutzen der Investition für die Realwirtschaft und die Sorge für die angemessene und gelegene Förderung von wirtschaftlichen Initiativen in Entwicklungsländern. Ebenso gibt es keinen Grund zu leugnen, daß eine Verlagerung ins Ausland, wenn sie mit Investitionen und Ausbildung verbunden ist, für die Bevölkerung des betreffenden Landes Gutes bewirken kann. Die Arbeit und das technische Wissen werden überall gebraucht. Es ist aber nicht zulässig, eine Auslagerung nur vorzunehmen, um von bestimmten Begünstigungen zu profitieren oder gar um andere auszubeuten, ohne einen echten Beitrag für die Gesellschaft vor Ort zur Schaffung eines stabilen Produktions- und Sozialwesens zu leisten, das eine unverzichtbare Bedingung für eine beständige Entwicklung darstellt.

41 In diesem Zusammenhang ist es hilfreich, darauf hinzuweisen, daß die *unternehmerische Tätigkeit* eine *mehrwertige Bedeutung* hat und dieser immer mehr gerecht werden muß. Die seit längerer Zeit vorherrschende Kombination Markt-Staat hat uns daran gewöhnt, nur an den privaten Unternehmer nach kapitalistischer Art und andererseits an die Leiter staatlicher Unternehmen zu denken. In Wirklichkeit ist ein differenziertes Verständnis der unternehmerischen Tätigkeit erforderlich. Das resultiert aus einer Reihe von metaökonomischen Beweggründen. Die unternehmerische Tätigkeit hat noch vor ihrer beruflichen eine menschliche Bedeutung.[98] Sie ist Teil einer jeden Arbeit, wenn sie als *„actus personae“*[99] betrachtet wird; daher ist es gut, jedem Arbeitnehmer die Möglichkeit zu geben, seinen persönlichen Beitrag zu leisten, so daß er selbst „das Bewußtsein hat, im eigenen Bereich zu arbeiten“.[100] Nicht zufällig lehrte Papst Paul VI. daß „jeder, der arbeitet, schöpferisch tätig ist“.[101] Gerade um den Erfordernissen und der Würde des arbeitenden Menschen sowie

den Bedürfnissen der Gesellschaft gerecht zu werden, gibt es verschiedene Arten von Unternehmen, weit hinaus über die alleinige Unterscheidung zwischen „privat“ und „staatlich“. Jede erfordert und verwirklicht eine besondere unternehmerische Fähigkeit. Um eine Wirtschaft zu erreichen, die sich in der nahen Zukunft in den Dienst des nationalen und weltweiten Gemeinwohls stellen kann, ist es angebracht, diese weitreichende Bedeutung der unternehmerischen Tätigkeit zu beachten. Diese umfassendere Sicht fördert den Austausch und die gegenseitige Prägung unter den verschiedenen Arten von unternehmerischer Tätigkeit mit einem Kompetenzfluß vom nicht-gewinnorienten Bereich zum gewinnorientierten und umgekehrt, vom öffentlichen zu dem der Zivilgesellschaft, von den fortgeschrittenen Wirtschaftsregionen zu jenen der Entwicklungsländer.

Auch die *„politische Autorität“* hat eine *mehrwertige Bedeutung*, die auf dem Weg zur Verwirklichung einer neuen sozial verantwortlichen und nach dem Maß des Menschen ausgerichteten wirtschaftlich-produktiven Ordnung nicht vergessen werden darf. So wie man auf der ganzen Welt eine differenzierte unternehmerische Tätigkeit pflegen will, so muß auch eine verteilte und auf verschiedenen Ebenen wirkende politische Autorität gefördert werden. Die zusammengewachsene Wirtschaft unserer Zeit eliminiert die Rolle der Staaten nicht, sie verpflichtet die Regierungen vielmehr zu einer engeren Zusammenarbeit untereinander. Gründe der Weisheit und der Klugheit raten davon ab, vorschnell das Ende des Staates auszurufen. Hinsichtlich der Lösung der derzeitigen Krise, zeichnet sich ein Wachstum seiner Rolle ab, indem er viele seiner Kompetenzen wiedererlangt. Es gibt auch Länder, in denen der Aufbau oder der Wiederaufbau des Staates weiterhin ein Schlüsselelement für ihre Entwicklung ist. Die *internationale Hilfe* sollte gerade im Rahmen eines solidarischen Plans zur Lösung der gegenwärtigen wirtschaftlichen Probleme die Festigung der Verfassungs-, Rechts- und Verwaltungssysteme in den Ländern, die sich dieser Güter noch nicht vollkommen erfreuen, eher fördern. Neben der wirtschaftlichen Hilfe bedarf es der Unterstützung, um die dem *Rechtsstaat* eigenen Garantien, ein wirksames System der öffentlichen Ordnung und des Gefängniswesens unter Einhaltung der Menschenrechte und wirklich demokratische Institutionen zu stärken. Der Staat muß nicht überall dieselben Ausprägungen haben: Die Unterstützung zur Stärkung der schwachen Verfassungssysteme kann auf hervorragende Weise von der Entwicklung anderer politischer Akteure neben dem Staat begleitet werden, die kultureller, sozialer, regionaler oder religiöser Art sind. Die Gliederung der politischen Autorität auf lokaler Ebene, auf der Ebene der nationalen und internationalen Zivilgesellschaft und auf der Ebene der übernationalen und weltweiten Gemeinschaft ist auch einer der Hauptwege, um die wirtschaftliche Globalisierung lenken zu können. Sie ist auch die Vorgangsweise, um zu verhindern, daß diese de facto die Fundamente der Demokratie untergräbt.

42 Manchmal sind gegenüber der *Globalisierung* fatalistische Einstellungen bemerkbar, als ob die herrschenden Dynamiken von unpersönlichen anonymen Kräften und von vom menschlichen Wollen unabhängigen Strukturen hervorgebracht würden.[102] Diesbezüglich ist es gut, in Erinnerung zu rufen, daß die Globalisierung gewiß einen sozioökonomischen Prozeß darstellt, dies aber nicht ihre einzige Dimension ist. Hinter dem deutlicher sichtbaren Prozeß steht eine zunehmend untereinander verflochtene Menschheit; diese setzt sich aus Personen und Völkern zusammen, denen dieser Prozeß zum Nutzen und zur Entwicklung gereichen soll,[103] weil sowohl die einzelnen als auch die Gesamtheit die jeweiligen Verantwortungen auf sich nehmen. Die Überwindung der Grenzen ist nicht nur eine materielle Angelegenheit, sondern hinsichtlich ihrer Gründe und Auswirkungen auch eine kulturelle Frage. Wenn die Globalisierung deterministisch interpretiert wird, gehen die Kriterien für ihre Bewertung und ihre Ausrichtung verloren. Sie ist eine menschliche Realität, hinter der verschiedene kulturelle Ausrichtungen stehen können, die sorgfältig abgewogen werden müssen. Die Wahrheit des Globalisierungsprozesses und sein grundlegendes ethisches Kriterium sind in der Einheit der Menschheitsfamilie und in ihrem Voranschreiten im Guten gegeben. Es ist daher ein

unablässiger Einsatz zur *Förderung einer personalistischen und gemeinschaftlichen sowie für die Transzendenz offenen kulturellen Ausrichtung des globalen Integrationsprozesses* erforderlich.

Trotz einiger ihrer strukturell bedingten Dimensionen, die nicht zu leugnen sind, aber auch nicht verabsolutiert werden dürfen, ist „die Globalisierung a priori weder gut noch schlecht. Sie wird das sein, was die Menschen aus ihr machen".[104] Wir dürfen nicht Opfer sein, sondern müssen Gestalter werden, indem wir mit Vernunft vorgehen und uns von der Liebe und von der Wahrheit leiten lassen. Blinder Widerstand wäre eine falsche Haltung, ein Vorurteil, das schließlich dazu führen würde, einen Prozeß zu verkennen, der auch viele positive Seiten hat, und so Gefahr zu laufen, eine große Chance zu verpassen, an den vielfältigen Entwicklungsmöglichkeiten teilzuhaben, die dieser bietet. Die angemessen geplanten und ausgeführten Globalisierungsprozesse machen auf weltweiter Ebene eine noch nie dagewesene große Neuverteilung des Reichtums möglich; wenn diese Prozesse jedoch schlecht geführt werden, können sie hingegen zu einer Zunahme der Armut und der Ungleichheit führen sowie mit einer Krise die ganze Welt anstekken. Es ist nötig, die auch schweren *Mängel dieser Prozesse zu beheben,* die neue Spaltungen zwischen den Völkern und innerhalb der Völker verursachen, und dafür zu sorgen, daß die Umverteilung des Reichtums nicht mittels einer Umverteilung der Armut erfolgt oder diese sogar noch zunimmt, wie es ein schlechter Umgang mit der gegenwärtigen Lage befürchten lassen könnte. Lange Zeit dachte man, daß die armen Völker in einem im voraus festgelegten Entwicklungsstadium verbleiben und sich mit der Philanthropie der entwickelten Völker begnügen müßten. Gegen diese Mentalität hat Papst Paul VI. in der Enzyklika *Populorum progressio* Stellung bezogen. Heute sind die zur Verfügung stehenden materiellen Möglichkeiten, um diesen Völkern aus der Armut herauszuhelfen, potentiell größer als früher, aber sie wurden hauptsächlich von den entwickelten Völkern selbst in Beschlag genommen, die sich den Prozeß der Liberalisierung des Finanz- und Arbeitskräfteverkehrs besser zunutze machen konnten. Die weltweite Ausbreitung des Wohlstands darf daher nicht durch egoistische, protektionistische und von Einzelinteressen geleitete Projekte gebremst werden. Die Einbeziehung der Schwellen- und Entwicklungsländer ermöglicht heute einen besseren Umgang mit der Krise. Die zum Globalisierungsprozeß gehörende Veränderung bringt große Schwierigkeiten und Gefahren mit sich, die nur dann überwunden werden können, wenn man sich der anthropologischen und ethischen Seele bewußt wird, die aus der Tiefe die Globalisierung selbst in Richtung einer solidarischen Humanisierung führt. Leider ist diese Seele oft verschüttet und wird von individualistisch und utilitaristisch geprägten ethisch-kulturellen Sichtweisen unterdrückt. Die Globalisierung ist ein vielschichtiges und polyvalentes Phänomen, das in der Verschiedenheit und in der Einheit all seiner Dimensionen – einschließlich der theologischen – erfaßt werden muß. Dies wird es erlauben, die Globalisierung der Menschheit im Sinne von Beziehung, Gemeinschaft und Teilhabe zu leben und auszurichten.

Viertes Kapitel

Entwicklung der Völker, Rechte und Pflichten, Umwelt

43 „Die Solidarität aller, die etwas Wirkliches ist, bringt für uns nicht nur Vorteile mit sich, sondern auch Pflichten".[105] Viele Menschen neigen heute zu der Anmaßung, niemandem etwas schuldig zu sein außer sich selbst. Sie meinen, nur Rechte zu besitzen, und haben oft große Schwierigkeiten, eine Verantwortung für ihre eigene und die ganzheitliche Entwicklung des anderen reifen zu lassen. Es ist deshalb wichtig, eine neue Reflexion darüber anzuregen, daß die *Rechte Pflichten voraussetzen, ohne die sie zur Willkür werden.*[106] Wir erleben heutzutage einen bedrückenden Widerspruch. Während man einerseits mutmaßliche Rechte willkürlicher und genießerischer Art unter dem Vorwand beansprucht, sie würden von den staatlichen Strukturen anerkannt und gefördert, werden andererseits einem großen Teil der Menschheit elementare Grundrechte aberkannt und verletzt.[107] Häufig festzustellen ist ein Zusammenhang zwischen der Beanspruchung des Rechts auf Überfluß oder geradezu auf Rechtswidrigkeit und Laster in den Wohlstandgesellschaften und dem Mangel an Nahrung, Trinkwasser, Schulbildung oder

medizinischer Grundversorgung in manchen unterentwickelten Weltregionen wie auch am Rande von großen Metropolen. Der Zusammenhang beruht darauf, daß die Individualrechte, wenn sie von einem sinngebenden Rahmen von Pflichten losgelöst sind, verrückt werden und eine praktisch grenzenlose und alle Kriterien entbehrende Spirale von Ansprüchen auslösen. Die Übertreibung der Rechte mündet in die Unterlassung der Pflichten. Die Pflichten grenzen die Rechte ein, weil sie sie auf den anthropologischen und ethischen Rahmen verweisen, in dessen Wahrheit sich auch diese letzteren einfügen und daher nicht zur Willkür werden. Die Pflichten stärken demnach die Rechte und bieten deren Verteidigung und Förderung als eine Aufgabe im Dienst des Guten an. Wenn hingegen die Rechte des Menschen ihr Fundament allein in den Beschlüssen einer Bürgerversammlung finden, können sie jederzeit geändert werden, und daher läßt die Pflicht, sie zu achten und einzuhalten, im allgemeinen Bewußtsein nach. Die Regierungen und internationalen Organismen können da die Objektivität und „Unverfügbarkeit" der Rechte außer acht lassen. Wenn das geschieht, ist die echte Entwicklung der Völker gefährdet.[108] Derartige Einstellungen kompromittieren das Ansehen der internationalen Organismen vor allem in den Augen der am meisten entwicklungsbedürftigen Länder. Diese fordern nämlich, daß die internationale Gemeinschaft es als eine Pflicht übernimmt, ihnen zu helfen, „Baumeister ihres Schicksals"[109] zu sein, das heißt ihrerseits Pflichten zu übernehmen. *Das Teilen der wechselseitigen Pflichten mobilisiert viel stärker als die bloße Beanspruchung von Rechten.*

44 Die Auffassung von den Rechten und Pflichten in der Entwicklung muß auch den Problemkreis im Zusammenhang mit dem *Bevölkerungswachstum* berücksichtigen. Es handelt sich um einen sehr wichtigen Aspekt der echten Entwicklung, weil er die unverzichtbaren Werte des Lebens und der Familie betrifft.[110] In der Bevölkerungszunahme die Hauptursache der Unterentwicklung zu sehen, ist – auch in wirtschaftlicher Hinsicht – unkorrekt. Man braucht nur einerseits an den bedeutenden Rückgang der Kindersterblichkeit und die Verlängerung des durchschnittlichen Lebensalters in neuen wirtschaftlich entwickelten Ländern zu denken und andererseits an die deutlichen Zeichen einer Krise in solchen Gesellschaften, die einen beunruhigenden Geburtenrückgang verzeichnen. Die Kirche, der die wahre Entwicklung des Menschen am Herzen liegt, empfiehlt ihm die umfassende Achtung menschlicher Werte, und dies gilt auch für den Umgang mit der Sexualität: Man kann sie nicht auf eine lediglich hedonistische und spielerische Handlung reduzieren, so wie man die Sexualerziehung nicht auf eine technische Anleitung reduzieren kann, deren einzige Sorge es ist, die Betroffenen vor eventuellen Ansteckungen oder vor dem „Risiko" der Fortpflanzung zu schützen. Das würde einer Verarmung und Mißachtung der

tiefen Bedeutung der Sexualität gleichkommen, die jedoch sowohl von der einzelnen Person wie von der Gemeinschaft anerkannt und verantwortungsvoll angenommen werden soll. Die Verantwortung verbietet es nämlich ebenso, die Sexualität lediglich als Lustquelle zu betrachten, wie sie in politische Maßnahmen einer erzwungenen Geburtenplanung einzubeziehen. In beiden Fällen steht man vor materialistischen Auffassungen und deren politischen Umsetzungen, in denen die Menschen schließlich verschiedene Formen von Gewalt erleiden. All dem muß man in diesem Bereich die vorrangige Zuständigkeit der Familien[111] gegenüber dem Staat und seinen restriktiven politischen Maßnahmen sowie eine entsprechende Erziehung der Eltern entgegensetzen.

Die moralisch verantwortungsvolle Offenheit für das Leben ist ein sozialer und wirtschaftlicher Reichtum. Große Nationen haben auch dank der großen Zahl und der Fähigkeiten ihrer Einwohner aus dem Elend herausfinden können. Umgekehrt erleben einst blühende Nationen jetzt wegen des Geburtenrückgangs eine Phase der Unsicherheit und in manchen Fällen sogar ihres Niedergangs – ein entscheidendes Problem gerade für die Wohlstandsgesellschaften. Der Geburtenrückgang, der die Bevölkerungszahl manchmal unter den kritischen demographischen Wert sinken läßt, stürzt auch die Sozialhilfesysteme in die Krise, führt zur Erhöhung der Kosten, schränkt die Rückstellung von Ersparnissen und in der Folge die für die Investitionen nötigen finanziellen Ressourcen ein, reduziert die Verfügbarkeit qualifizierter Arbeitskräfte und verringert das Reservoir der „Köpfe“, aus dem man für die Bedürfnisse der Nation schöpfen muß. Außerdem laufen die kleinen, manchmal sehr kleinen Familien Gefahr, die sozialen Beziehungen zu vernachlässigen und keine wirksamen Solidaritätsformen zu gewährleisten. Diese Situationen weisen die Symptome eines geringen Vertrauens in die Zukunft sowie einer moralischen Müdigkeit auf. Daher wird es zu einer sozialen und sogar ökonomischen Notwendigkeit, den jungen Generationen wieder die Schönheit der Familie und der Ehe vor Augen zu stellen sowie die Übereinstimmung dieser Einrichtungen mit den tiefsten Bedürfnissen des Herzens und der Würde des Menschen. In dieser Hinsicht sind die Staaten dazu aufgerufen, *politische Maßnahmen zu treffen, die die zentrale Stellung und die Unversehrtheit der auf die Ehe zwischen einem Mann und einer Frau gegründeten Familie,* der Grund- und Lebenszelle der Gesellschaft,[112] dadurch fördern, indem sie sich auch um deren wirtschaftliche und finanzielle Probleme in Achtung vor ihrem auf Beziehung beruhenden Wesen kümmern.

45 Antworten auf die tiefsten moralischen Ansprüche des Menschen haben auch wichtige und wohltuende Auswirkungen auf wirtschaftlicher Ebene. *Die Wirtschaft braucht nämlich für ihr korrektes Funktionieren die Ethik;* nicht irgendeine Ethik, sondern eine menschenfreundliche Ethik.

Heute spricht man viel von Ethik im Bereich der Wirtschaft, der Finanzen und der Betriebe. Es entstehen Studienzentren und Ausbildungsgänge für *business ethics;* in der Welt der hochentwickelten Länder verbreitet sich im Gefolge der rund um die soziale Verantwortung des Betriebs entstandenen Bewegung das System der ethischen Zertifikate. Die Banken bieten sogenannte „ethische" Konten und Investitionsfonds an. Es entwickelt sich ein „ethisches Finanzwesen", vor allem durch den Kleinkredit und allgemeiner die Mikrofinanzierung. Diese Entwicklungen rufen Anerkennung hervor und verdienen eine breite Unterstützung. Ihre positiven Auswirkungen sind auch in weniger entwickelten Zonen der Erde wahrzunehmen. Es ist jedoch gut, auch ein gültiges Unterscheidungskriterium zu erarbeiten, da man eine gewisse Abnützung des Adjektivs „ethisch" feststellt, das, wenn es allgemein gebraucht wird, auch sehr verschiedene Inhalte bezeichnet. Das kann so weit gehen, daß unter seinem Deckmantel Entscheidungen und Beschlüsse durchgehen, die der Gerechtigkeit und dem wahren Wohl des Menschen widersprechen.

Viel hängt nämlich vom moralischen Bezugssystem ab. Zu diesem Thema hat die Soziallehre der Kirche einen besonderen Beitrag zu leisten, der sich auf die Erschaffung des Menschen „als Abbild Gottes" (Gen 1,27) gründet, eine Tatsache, von der sich die unverletzliche Würde der menschlichen Person ebenso herleitet wie der transzendente Wert der natürlichen moralischen Normen. Eine Wirtschaftsethik, die von diesen beiden Säulen absähe, würde unvermeidlich Gefahr laufen, ihre moralische Qualität zu verlieren und sich instrumentalisieren zu lassen; genauer gesagt, sie würde riskieren, zu einer Funktion für die bestehenden Wirtschafts- und Finanzsysteme zu werden, statt zum Korrektiv ihrer Mißstände. Unter anderem würde sie schließlich auch die Finanzierung von ethisch nicht vertretbaren Projekten rechtfertigen. Ferner soll das Wort „ethisch" nicht in ideologisch diskriminierender Weise angewandt werden, indem man damit zu verstehen gibt, daß die Initiativen, die sich nicht formell mit dieser Bezeichnung zieren, nicht ethisch seien. Man muß sich nicht nur darum bemühen – die Bemerkung ist hier wesentlich! –, daß „ethische" Sektoren und Bereiche der Ökonomie oder des Finanzwesens entstehen, sondern daß die gesamte Wirtschaft und das gesamte Finanzwesen ethisch sind und das nicht nur durch eine äußerliche Etikettierung, sondern aus Achtung vor den ihrer Natur selbst wesenseigenen Ansprüchen. Diesbezüglich spricht die jüngste Soziallehre der Kirche mit aller Klarheit, wenn sie daran erinnert, daß die Wirtschaft mit allen ihren Zweigen ein Teilbereich des vielfältigen menschlichen Tuns ist.[115]

46 Betrachtet man die mit der *Beziehung zwischen Unternehmen und Ethik* befaßten Themenbereiche sowie die Entwicklung, die das Produktionssystem durchmacht, so scheint es, daß die bisher allgemein verbreitete Unterscheidung

zwischen gewinnorientierten *(profit)* Unternehmen und nicht-gewinnorientierten *(non profit)* Organisationen nicht mehr imstande ist, über die tatsächliche Situation vollständig Rechenschaft zu geben oder zukünftige Entwicklungen effektiv zu gestalten. In diesen letzten Jahrzehnten ist ein großer Zwischenbereich zwischen den beiden Unternehmenstypologien entstanden. Er besteht aus traditionellen Unternehmen, die allerdings Hilfsabkommen für rückständige Länder unterzeichneten; aus Unternehmensgruppen, die Ziele mit sozialem Nutzen verfolgen; aus der bunten Welt der Vertreter der sogenannten öffentlichen und Gemeinschaftswirtschaft. Es handelt sich nicht nur um einen „dritten Sektor", sondern um eine neue umfangreiche zusammengesetzte Wirklichkeit, die das Private und das Öffentliche einbezieht und den Gewinn nicht ausschließt, ihn aber als Mittel für die Verwirklichung humaner und sozialer Ziele betrachtet. Die Tatsache, daß diese Unternehmen die Gewinne nicht verteilen oder daß sie die eine oder andere von den Rechtsnormen vorgesehene Struktur haben, wird nebensächlich angesichts ihrer Bereitschaft, den Gewinn als ein Mittel zu begreifen, um eine Humanisierung des Marktes und der Gesellschaft zu erreichen. Es ist zu wünschen, daß diese neuen Unternehmensformen in allen Ländern auch eine entsprechende rechtliche und steuerliche Gestalt finden. Ohne den herkömmlichen Unternehmensformen etwas von ihrer wirtschaftlichen Bedeutung und Nützlichkeit zu nehmen, bewirken die neuen

Formen, daß sich das System zu einer klareren und vollkommeneren Übernahme der Verpflichtungen seitens der Wirtschaftsvertreter entwickelt. Nicht nur das. *Gerade die Vielfalt der institutionellen Unternehmensformen sollte einen humaneren und zugleich wettbewerbsfähigeren Markt hervorbringen.*

47 Die Vermehrung der verschiedenen Unternehmenstypologien und besonders derjenigen, die dazu fähig sind, den Gewinn als ein Mittel zu begreifen, um den Zweck der Humanisierung des Marktes und der Gesellschaften zu erreichen, muß auch in den Ländern verfolgt werden, die unter Ausschluß oder Ausgrenzung aus den globalen Wirtschaftskreisläufen leiden. Dort ist es sehr wichtig, mit Projekten angemessen konzipierter und verwalteter Subsidiarität voranzukommen, die vor allem die Rechte zu stärken trachten, wobei jedoch immer auch die Übernahme entsprechender Verantwortlichkeiten vorgesehen ist. In den *Beiträgen zur Entwicklung* muß das Prinzip der *zentralen Stellung der menschlichen Person* sichergestellt sein, die das Subjekt ist, das in erster Linie die Verpflichtung zur Entwicklung auf sich nehmen muß. Das Hauptinteresse gilt der Verbesserung der Lebenssituationen der konkreten Menschen in einer bestimmten Region, damit sie jenen Verpflichtungen nachkommen können, deren Erfüllung ihnen ihre derzeitige Notlage unmöglich macht. Die Sorge kann niemals eine abstrakte Haltung sein. Um an die einzelnen Situationen angepaßt werden zu kön-

nen, müssen die Entwicklungsprogramme von Flexibilität gekennzeichnet sein; und die Empfänger der Hilfe sollten direkt in die Planung der Projekte einbezogen und zu Hauptakteuren ihrer Umsetzung werden. Ebenso ist es notwendig, die Kriterien eines stufenweisen und begleitenden Fortschreitens – einschließlich der laufenden Kontrolle der Ergebnisse – anzuwenden, da es keine universal gültigen Rezepte gibt. Viel hängt von der konkreten Durchführung der Interventionen ab. „Weil die Völker die Baumeister ihres eigenen Fortschritts sind, müssen sie selbst auch an erster Stelle die Last und Verantwortung dafür tragen. Aber sie werden es nicht schaffen, wenn sie gegenseitig isoliert bleiben".[114] Angesichts der Konsolidierung des Prozesses der fortschreitenden Integration der Erde hat diese Mahnung Papst Pauls VI. heute noch größere Gültigkeit. Die Dynamik der Einbeziehung hat nichts Mechanisches an sich. Die Lösungen müssen auf der Grundlage einer behutsamen Einschätzung der Situation genau auf das Leben der Völker und konkreten Personen zugeschnitten werden. Neben den Großprojekten braucht es die kleinen Projekte und vor allem die tatkräftige Mobilisierung aller Angehörigen der Zivilgesellschaft, sowohl der juristischen wie der physischen Personen.

Die *internationale Zusammenarbeit* benötigt Personen, die den wirtschaftlichen und menschlichen Entwicklungsprozeß durch die Solidarität ihrer Präsenz, der Begleitung, der Ausbildung und des Respekts teilen. Unter diesem Gesichtspunkt müßten sich die internationalen Organismen selbst nach der tatsächlichen Wirksamkeit ihrer oft viel zu kostspieligen bürokratischen Verwaltungsapparate fragen. Es kommt mitunter vor, daß der Hilfeempfänger zu einem Mittel für den Helfer wird und die Armen dazu dienen, aufwendige bürokratische Organisationen aufrechtzuerhalten, die für ihren eigenen Bestand allzu hohe Beträge aus jenen Ressourcen für sich behalten, die eigentlich für die Entwicklung bestimmt sein sollten. Aus dieser Sicht wäre es wünschenswert, daß sich alle internationalen Organismen und die Nichtregierungsorganisationen zu einer größeren Transparenz verpflichteten, indem sie die Spender sowie die öffentliche Meinung über den prozentualen Anteil der erhaltenen Gelder, der für die Programme der Zusammenarbeit bestimmt ist, über den tatsächlichen Inhalt solcher Programme und schließlich über die Zusammensetzung der Ausgaben der Einrichtung selbst informieren.

48 Das Thema Entwicklung ist heute stark an die Verpflichtungen gebunden, die aus der *Beziehung des Menschen zur natürlichen Umwelt* entstehen. Diese Beziehung wurde allen von Gott geschenkt. Der Umgang mit ihr stellt für uns eine Verantwortung gegenüber den Armen, den künftigen Generationen und der ganzen Menschheit dar. Wenn die Natur und allen voran der Mensch als Frucht des Zufalls oder des Evolutionsdeterminismus angesehen werden, wird das Verantwortungs-

bewußtsein in den Gewissen schwächer. Der Gläubige erkennt hingegen in der Natur das wunderbare Werk des schöpferischen Eingreifens Gottes, das der Mensch verantwortlich gebrauchen darf, um in Achtung vor der inneren Ausgewogenheit der Schöpfung selbst seine berechtigten materiellen und geistigen Bedürfnisse zu befriedigen. Wenn diese Auffassung schwindet, wird am Ende der Mensch die Natur entweder als ein unantastbares Tabu betrachten oder, im Gegenteil, sie ausbeuten. Beide Haltungen entsprechen nicht der christlichen Anschauung der Natur, die Frucht der Schöpfung Gottes ist.

Die Natur ist Ausdruck eines Plans der Liebe und der Wahrheit. Sie geht uns voraus und wird uns von Gott als Lebensraum geschenkt. Sie spricht zu uns vom Schöpfer (vgl. Röm 1,20) und von seiner Liebe zu den Menschen. Sie ist dazu bestimmt, am Ende der Zeiten in Christus „vereint zu werden" (vgl. Eph 1,9–10; Kol 1,19–20). Auch sie ist also eine „Berufung".[115] Die Natur steht uns nicht als „ein Haufen zufällig verstreuter Abfälle"[116] zur Verfügung, sondern als eine Gabe des Schöpfers, der die ihr innewohnenden Ordnungen gezeichnet hat, damit der Mensch daraus die gebotenen Aufschlüsse bezieht, „damit er [sie] bebaue und hüte" (Gen 2,15). Aber es muß auch betont werden, daß es der wahren Entwicklung widerspricht, die Natur für wichtiger zu halten als die menschliche Person. Diese Einstellung verleitet zu neuheidnischen Haltungen oder einem neuen Pantheismus: Aus der in einem rein naturalistischen Sinn verstandenen Natur allein kann man nicht das Heil für den Menschen ableiten. Allerdings muß man auch die gegenteilige Position zurückweisen, die eine vollständige Technisierung der Natur anstrebt, weil das natürliche Umfeld nicht nur Materie ist, über die wir nach unserem Belieben verfügen können, sondern wunderbares Werk des Schöpfers, das eine „Grammatik" in sich trägt, die Zwecke und Kriterien für eine weise, nicht funktionelle und willkürliche Nutzung angibt. Viele Schäden für die Entwicklung rühren heute aus diesen verzerrten Auffassungen her. Die Natur vollständig auf eine Menge einfacher Gegebenheiten zu verkürzen, erweist sich schließlich als Quelle der Gewalt gegenüber der Umwelt und motiviert zu respektlosen Handlungen gegenüber der Natur des Menschen. Da diese nicht nur aus Materie, sondern auch aus Geist besteht und als solche reich an Bedeutungen und zu erreichenden transzendenten Zielen ist, hat sie auch einen normativen Charakter für die Kultur. Der Mensch deutet und bildet die natürliche Umwelt durch die Kultur nach, die ihrerseits durch die verantwortliche, auf die Gebote des Sittengesetzes achtende Freiheit bestimmt wird. Die Projekte für eine ganzheitliche menschliche Entwicklung dürfen daher die nachfolgenden Generationen nicht ignorieren, sondern müssen zur Solidarität und *Gerechtigkeit zwischen den Generationen* bereit sein, indem sie den vielfältigen Bereichen – dem ökologischen, juristischen, ökonomischen, politischen und kulturellen – Rechnung tragen.[117]

49 Die mit der Sorge und dem Schutz für die Umwelt zusammenhängenden Fragen müssen heute der *Energieproblematik* entsprechende Beachtung schenken. Das Aufkaufen der nicht erneuerbaren Energiequellen durch einige Staaten, einflußreiche Gruppen und Unternehmen stellt nämlich ein schwerwiegendes Hindernis für die Entwicklung der armen Länder dar. Diese verfügen weder über die ökonomischen Mittel, um sich Zugang zu den bestehenden nicht erneuerbaren Energiequellen zu verschaffen, noch können sie die Suche nach neuen und alternativen Quellen finanzieren. Das Aufkaufen der natürlichen Ressourcen, die sich in vielen Fällen gerade in den armen Ländern befinden, führt zu Ausbeutung und häufigen Konflikten zwischen den Nationen und auch innerhalb der Länder selbst. Solche Konflikte werden häufig gerade auf dem Boden dieser Länder ausgetragen, mit einer bedrückenden Schlußbilanz von Tod, Zerstörung und weiterem Niedergang. Die internationale Gemeinschaft hat die unumgängliche Aufgabe, die institutionellen Wege zu finden, um der Ausbeutung der nicht erneuerbaren Ressourcen Einhalt zu gebieten, und das auch unter Einbeziehung der armen Länder, um mit ihnen gemeinsam die Zukunft zu planen.

Auch an dieser Front besteht die *dringende moralische Notwendigkeit einer erneuerten Solidarität,* besonders in den Beziehungen zwischen den Entwicklungsländern und den hochindustrialisierten Ländern.[118] Die technologisch fortschrittlichen

Gesellschaften können und müssen ihren Energieverbrauch verringern, weil die Produktion in der verarbeitenden Industrie sich weiter entwickelt, aber auch weil sich unter ihren Bürgern eine größere Sensibilität für die Umwelt verbreitet. Man muß außerdem hinzufügen, daß heute eine Verbesserung der Leistungsfähigkeit der Energie realisierbar und es gleichzeitig möglich ist, die Suche nach alternativen Energien voranzutreiben. Es ist jedoch auch eine weltweite Neuverteilung der Energiereserven notwendig, so daß auch die Länder, die über keine eigenen Quellen verfügen, dort Zugang erhalten können. Ihr Schicksal darf nicht den Händen des zuerst Angekommenen oder der Logik des Stärkeren überlassen werden. Es handelt sich um beachtliche Probleme, die, wenn sie in entsprechender Weise angegangen werden sollen, von seiten aller die verantwortungsvolle Bewußtwerdung der Folgen verlangen, die über die neuen Generationen hereinbrechen werden, vor allem über die sehr vielen Jugendlichen in den armen Völkern, die „ihren Anteil am Aufbau einer besseren Welt fordern".[119]

50 Diese Verantwortung ist global, weil sie nicht nur die Energie, sondern die ganze Schöpfung betrifft, die wir den neuen Generationen nicht ausgebeutet hinterlassen dürfen. Es ist dem Menschen gestattet, eine *verantwortungsvolle Steuerung über die Natur* auszuüben, um sie zu schützen, zu nutzen und auch in neuen Formen und mit fortschrittlichen Technologien zu kultivieren,

so daß sie die Bevölkerung, die sie bewohnt, würdig aufnehmen und ernähren kann. Es gibt Platz für alle auf dieser unserer Erde: Auf ihr soll die ganze Menschheitsfamilie die notwendigen Ressourcen finden, um mit Hilfe der Natur selbst, dem Geschenk Gottes an seine Kinder, und mit dem Einsatz ihrer Arbeit und ihrer Erfindungsgabe würdig zu leben. Wir müssen jedoch auf die sehr ernste Verpflichtung hinweisen, die Erde den neuen Generationen in einem Zustand zu übergeben, so daß auch sie würdig auf ihr leben und sie weiter kultivieren können. Das schließt ein, „es sich zur Pflicht zu machen, nach verantwortungsbewußter Abwägung gemeinsam zu entscheiden, welcher Weg einzuschlagen ist, mit dem Ziel, jenen *Bund zwischen Mensch und Umwelt* zu stärken, der ein Spiegel der Schöpferliebe Gottes sein soll – des Gottes, in dem wir unseren Ursprung haben und zu dem wir unterwegs sind".[120] Man kann nur wünschen, daß die internationale Gemeinschaft und die einzelnen Regierungen es wirksam verhindern können, daß die Umwelt zu ihrem Schaden ausgenutzt wird. Es ist ebenso erforderlich, daß die zuständigen Autoritäten alle nötigen Anstrengungen unternehmen, damit die wirtschaftlichen und sozialen Kosten für die Benutzung der allgemeinen Umweltressourcen offen dargelegt sowie von den Nutznießern voll getragen werden und nicht von anderen Völkern oder zukünftigen Generationen: Der Schutz der Umwelt, der Ressourcen und des Klimas erfordert, daß alle auf internationaler Ebene Verantwortlichen gemeinsam handeln und bereit sind, in gutem Glauben, dem Gesetz entsprechend und in Solidarität mit den schwächsten Regionen unseres Planeten zu arbeiten.[121] Eine der größten Aufgaben der Ökonomie ist gerade der äußerst effiziente Gebrauch der Ressourcen, nicht die Verschwendung, wobei man sich bewußt sein muß, daß der Begriff der Effizienz nicht wertneutral ist.

51 *Die Verhaltensmuster, nach denen der Mensch die Umwelt behandelt, beeinflussen die Verhaltensmuster, nach denen er sich selbst behandelt, und umgekehrt.* Das fordert die heutige Gesellschaft dazu heraus, ernsthaft ihren Lebensstil zu überprüfen, der in vielen Teilen der Welt zum Hedonismus und Konsumismus neigt und gegenüber den daraus entstehenden Schäden gleichgültig bleibt.[122] Notwendig ist ein tatsächlicher Gesinnungswandel, der uns dazu anhält, *neue Lebensweisen* anzunehmen, „in denen die Suche nach dem Wahren, Schönen und Guten und die Gemeinschaft mit den anderen Menschen für ein gemeinsames Wachstum die Elemente sein sollen, die die Entscheidungen für Konsum, Sparen und Investitionen bestimmen".[123] Jede Verletzung der bürgerlichen Solidarität und Freundschaft ruft Umweltschäden hervor, so wie die Umweltschäden ihrerseits Unzufriedenheit in den sozialen Beziehungen auslösen. Die Natur ist besonders in unserer Zeit so sehr in die Dynamik der sozialen und kulturellen Abläufe integriert, daß sie fast keine unabhängige Variable mehr darstellt.

Die fortschreitende Wüstenbildung und die Verelendung mancher Agrargebiete sind auch Ergebnis der Verarmung der dort wohnenden Bevölkerungen und der Rückständigkeit. Durch die Förderung der wirtschaftlichen und kulturellen Entwicklung jener Bevölkerungen schützt man auch die Natur. Wie viele natürliche Ressourcen werden zudem durch Kriege zerstört! Der Friede der Völker und zwischen den Völkern würde auch einen größeren Schutz der Natur erlauben. Das Aufkaufen der Ressourcen, besonders des Wassers, kann schwere Konflikte unter der betroffenen Bevölkerung hervorrufen. Ein friedliches Einvernehmen über die Nutzung der Ressourcen kann die Natur und zugleich das Wohlergehen der betroffenen Gesellschaften schützen.

Die Kirche hat eine Verantwortung für die Schöpfung und muß diese Verantwortung auch öffentlich geltend machen. Und wenn sie das tut, muß sie nicht nur die Erde, das Wasser und die Luft als Gaben der Schöpfung verteidigen, die allen gehören. Sie muß vor allem den Menschen gegen seine Selbstzerstörung schützen. Es muß so etwas wie eine richtig verstandene Ökologie des Menschen geben. Die Beschädigung der Natur hängt nämlich eng mit der Kultur zusammen, die das menschliche Zusammenleben gestaltet. *Wenn in der Gesellschaft die „Humanökologie“*[124] *respektiert wird, profitiert davon auch die Umweltökologie.* Wie die menschlichen Tugenden miteinander verbunden sind, so daß die Schwächung einer Tugend auch die anderen gefährdet, so stützt sich das ökologische System auf die Einhaltung eines Planes, der sowohl das gesunde Zusammenleben in der Gesellschaft wie das gute Verhältnis zur Natur betrifft.

Um die Natur zu schützen, genügt es nicht, mit anspornenden oder einschränkenden Maßnahmen einzugreifen, und auch eine entsprechende Anleitung reicht nicht aus. Das sind wichtige Hilfsmittel, aber *das entscheidende Problem ist das moralische Verhalten der Gesellschaft*. Wenn das Recht auf Leben und auf einen natürlichen Tod nicht respektiert wird, wenn Empfängnis, Schwangerschaft und Geburt des Menschen auf künstlichem Weg erfolgen, wenn Embryonen für die Forschung geopfert werden, verschwindet schließlich der Begriff Humanökologie und mit ihm der Begriff der Umweltökologie aus dem allgemeinen Bewußtsein. Es ist ein Widerspruch, von den neuen Generationen die Achtung der natürlichen Umwelt zu verlangen, wenn Erziehung und Gesetze ihnen nicht helfen, sich selbst zu achten. Das Buch der Natur ist eines und unteilbar sowohl bezüglich der Umwelt wie des Lebens und der Bereiche Sexualität, Ehe, Familie, soziale Beziehungen, kurz der ganzheitlichen Entwicklung des Menschen. Unsere Pflichten gegenüber der Umwelt verbinden sich mit den Pflichten, die wir gegenüber dem Menschen an sich und in Beziehung zu den anderen haben. Man kann nicht die einen Pflichten fordern und die anderen unterdrücken. Das ist ein schwerwiegender Widerspruch der heutigen Mentalität und Praxis, der den

Menschen demütigt, die Umwelt erschüttert und die Gesellschaft beschädigt.

52 Die Wahrheit und die Liebe, die sie erschließt, lassen sich nicht produzieren, man kann sie nur empfangen. Ihre letzte Quelle ist nicht und kann nicht der Mensch sein, sondern Gott, das heißt Er, der Wahrheit und Liebe ist. Dieses Prinzip ist sehr wichtig für die Gesellschaft und für die Entwicklung, da weder die eine noch die andere lediglich menschliche Produkte sein können; ebenso gründet sich die Berufung zur Entwicklung der Menschen und der Völker nicht auf eine lediglich menschliche Entscheidung, sondern sie ist in einen Plan eingeschrieben, der uns vorausgeht und für uns alle eine Pflicht darstellt, die freiwillig angenommen werden muß. Das, was uns vorausgeht, und das, was uns konstituiert – die Liebe und die Wahrheit –, zeigt uns, was das Gute ist und worin unser Glück besteht. *Es zeigt uns somit den Weg zur wahren Entwicklung.*

Fünftes Kapitel

Die Zusammenarbeit der Menschheitsfamilie

53 Eine der schlimmsten Arten von Armut, die der Mensch erfahren kann, ist die Einsamkeit. Genau betrachtet haben auch die anderen Arten von Armut, einschließlich der materiellen Armut, ihren Ursprung in der Isolation, im Nicht-geliebt-Sein oder in der Schwierigkeit zu lieben. Oft entstehen die Arten der Armut aus der Zurückweisung der Liebe Gottes, aus einem ursprünglichen tragischen Verschließen des Menschen in sich selbst, der meint, sich selbst genügen zu können oder nur eine unbedeutende und vorübergehende Erscheinung, ein „Fremder" in einem zufällig gebildeten Universum zu sein. Der Mensch ist entfremdet, wenn er allein ist oder sich von der Wirklichkeit ablöst, wenn er darauf verzichtet, an ein Fundament zu denken und zu glauben.[125] Die Menschheit insgesamt ist entfremdet, wenn sie sich bloß menschlichen Plänen, Ideologien und falschen Utopien verschreibt.[126] Heute erscheint die Menschheit interaktiver als gestern: Diese größere Nähe muß zu echter Gemeinschaft werden. Die Entwicklung der Völker hängt vor allem davon ab, sich als eine einzige Familie zu erkennen, die in ei-

ner echten Gemeinschaft zusammenarbeitet und von Subjekten gebildet wird, die nicht einfach nebeneinander leben.[127]

Papst Paul VI. bemerkte, daß „die Welt krank ist, weil ihr Gedanken fehlen".[128] Diese Aussage enthält eine Feststellung, vor allem aber einen Wunsch: Es bedarf eines neuen Schwungs des Denkens, um die Implikationen unseres Familieseins besser zu verstehen; die wechselseitigen Unternehmungen der Völker dieser Erde fordern uns zu diesem Schwung auf, damit die Integration im Zeichen der Solidarität[129] und nicht der Verdrängung vollzogen wird. Ein solches Denken verpflichtet auch zu einer kritischen und beurteilenden Vertiefung der Kategorie der *Beziehung*. Es handelt sich um eine Aufgabe, die nicht von den Sozialwissenschaften allein durchgeführt werden kann, insofern sie den Beitrag von Wissen wie Metaphysik und Theologie verlangt, um die transzendente Würde des Menschen klar zu begreifen.

Der Mensch als Geschöpf von geistiger Natur verwirklicht sich in den zwischenmenschlichen Beziehungen. Je echter er diese lebt, desto mehr reift auch seine eigene persönliche Identität. Nicht durch Absonderung bringt sich der Mensch selber zur Geltung, sondern wenn er sich in Beziehung zu den anderen und zu Gott setzt. Die Bedeutung solcher Beziehungen wird also grundlegend. Dies gilt auch für die Völker. Ihrer Entwicklung ist daher eine metaphysische Sicht der Beziehung zwischen den Personen sehr zuträglich. Diesbezüglich findet die Vernunft Anregung und Orientierung in der christlichen Offenbarung. Gemäß dieser wird die Person nicht durch die Gemeinschaft der Menschen absorbiert, beziehungsweise ihre Autonomie zunichte gemacht, wie es in den verschiedenen Formen des Totalitarismus geschieht. Vielmehr bringt die Gemeinschaft im christlichen Denken die Person weiter zur Geltung, da die Beziehung zwischen Person und Gemeinschaft der eines Ganzen gegenüber einem anderen Ganzen entspricht.[130] Wie die Gemeinschaft der Familie in sich die Personen, die sie bilden, nicht auflöst und wie die Kirche selbst die „neue Schöpfung" (vgl. Gal 6,15; 2 Kor 5,17), die durch die Taufe ihrem Leib eingegliedert wird, voll hervorhebt, so löst auch die Einheit der Menschheitsfamilie in sich die Personen, Völker und Kulturen nicht auf, sondern macht sie füreinander transparenter und vereint sie stärker in ihrer legitimen Vielfalt.

54 Das Thema der Entwicklung der Völker fällt mit dem der Einbeziehung aller Personen und Völker in die eine Gemeinschaft der Menschheitsfamilie zusammen, die auf der Basis der Grundwerte der Gerechtigkeit und des Friedens in Solidarität gebildet wird. Diese Sicht findet von der Beziehung der Personen der Dreifaltigkeit in dem einen Göttlichen Wesen her eine klare Erhellung. Die Dreifaltigkeit ist völlige Einheit, insofern die drei Göttlichen Personen reine Beziehung sind. Die gegenseitige Transparenz zwischen den

Göttlichen Personen ist völlig und die Verbindung untereinander vollkommen, denn sie bilden eine absolute Einheit und Einzigkeit. Gott will auch uns in diese Wirklichkeit der Gemeinschaft aufnehmen: „denn sie sollen eins sein, wie wir eins sind" (Joh 17,22). Die Kirche ist Zeichen und Werkzeug dieser Einheit.[131] Auch die Beziehungen zwischen Menschen in der Geschichte können nur Nutzen aus dem Bezug auf dieses göttliche Modell ziehen. Insbesondere im Licht des offenbarten Geheimnisses der Dreifaltigkeit versteht man, daß eine echte Öffnung nicht zentrifugale Zerstreuung bedeutet, sondern tiefe Durchdringung. Dies ergibt sich auch aus der gemeinsamen menschlichen Erfahrung der Liebe und der Wahrheit. Wie die sakramentale Liebe die Eheleute geistig als „ein Fleisch" (Gen 2,24; Mt 19,5; Eph 5,31) verbindet und aus den zweien eine echte Einheit in der Beziehung macht, verbindet auf analoge Weise die Wahrheit die Vernunftwesen untereinander und läßt sie im Einklang denken, indem sie sie anzieht und in sich vereint.

55 Die christliche Offenbarung über die Einheit des Menschengeschlechts setzt eine metaphysische Interpretation des *humanum* voraus, in dem die Fähigkeit zur Beziehung ein wesentliches Element darstellt. Auch andere Kulturen und Religionen lehren Brüderlichkeit und Frieden und sind daher für die ganzheitliche Entwicklung des Menschen von großer Bedeutung. Es fehlen aber

nicht religiöse und kulturelle Haltungen, in denen das Prinzip der Liebe und der Wahrheit nicht vollständig angenommen und am Ende so die echte menschliche Entwicklung gebremst oder sogar behindert wird. Die Welt von heute ist von einigen Kulturen mit religiösem Hintergrund durchzogen, die den Menschen nicht zur Gemeinschaft verpflichten, sondern ihn auf der Suche nach dem individuellen Wohl isolieren, indem sie sich darauf beschränken, psychologische Erwartungen zu befriedigen. Auch eine gewisse Verbreitung von religiösen Wegen kleiner Gruppen oder sogar einzelner Personen und der religiöse Synkretismus können Faktoren einer Zerstreuung und eines Mangels an Engagement sein. Ein möglicher negativer Effekt des Globalisierungsprozesses ist die Tendenz, solchen Synkretismus zu begünstigen[132] und dabei Formen von „Religionen" zu nähren, die die Menschen einander entfremden, anstatt sie einander begegnen zu lassen, und sie von der Wirklichkeit entfernen. Gleichzeitig bleiben mitunter kulturelle und religiöse Vermächtnisse weiter bestehen, die die Gesellschaft in feste soziale Kasten eingrenzen, in Formen von magischem Glauben, die die Würde der Person mißachten, und in Haltungen der Unterwerfung unter okkulte Mächte. Auf dieser Ebene ist es für die Liebe und die Wahrheit schwierig, sich zu behaupten, was Schaden für die echte Entwicklung mit sich bringt.

Wenn es einerseits wahr ist, daß die Entwicklung die Religionen und Kulturen der verschiedenen Völker braucht, ist es aus diesem Grund andererseits ebenso wahr, daß eine angemessene Unterscheidung vonnöten ist. Religionsfreiheit bedeutet nicht religiöse Gleichgültigkeit und bringt nicht mit sich, daß alle Religionen gleich sind.[133] Die Unterscheidung hinsichtlich des Beitrags der Kulturen und Religionen zum Aufbau der sozialen Gemeinschaft in der Achtung des Gemeinwohls ist vor allem für den, der politische Gewalt ausübt, erforderlich. Solche Unterscheidung muß sich auf das Kriterium der Liebe und der Wahrheit stützen. Da die Entwicklung der Menschen und der Völker auf dem Spiel steht, wird sie die Möglichkeit der Emanzipation und der Einbeziehung im Hinblick auf eine wirklich universale Gemeinschaft der Menschen berücksichtigen. „Der ganze Mensch und alle Menschen" sind das Kriterium, um auch die Kulturen und die Religionen zu beurteilen. Das Christentum, die Religion des „Gottes, der ein menschliches Angesicht hat",[134] trägt in sich selbst ein solches Kriterium.

56 Die christliche Religion und die anderen Religionen können ihren Beitrag zur Entwicklung nur leisten, wenn Gott auch im öffentlichen Bereich mit spezifischem Bezug auf die kulturellen, sozialen, wirtschaftlichen und insbesondere politischen Aspekte Platz findet. Die Soziallehre der Kirche ist entstanden, um dieses „Statut des Bürgerrechts"[135] der christlichen Religion geltend zu machen. Die Verweigerung des Rechts, öffentlich

die eigene Religion zu bekennen und dafür tätig zu sein, daß auch das öffentliche Leben über die Wahrheiten des Glaubens unterrichtet wird, bringt negative Folgen für die wahre Entwicklung mit sich. Der Ausschluß der Religion vom öffentlichen Bereich wie andererseits der religiöse Fundamentalismus behindern die Begegnung zwischen den Menschen und ihre Zusammenarbeit für den Fortschritt der Menschheit. Das öffentliche Leben verarmt an Motivationen, und die Politik nimmt ein unerträgliches und aggressives Gesicht an. Die Menschenrechte laufen Gefahr, nicht geachtet zu werden, weil sie entweder ihres transzendenten Fundaments beraubt werden oder weil die persönliche Freiheit nicht anerkannt wird. Im Laizismus und im Fundamentalismus verliert man die Möglichkeit eines fruchtbaren Dialogs und einer gewinnbringenden Zusammenarbeit zwischen Vernunft und religiösem Glauben. Die Vernunft bedarf stets der Reinigung durch den Glauben, und dies gilt auch für die politische Vernunft, die sich nicht für allmächtig halten darf. Die Religion bedarf ihrerseits stets der Reinigung durch die Vernunft, um ihr echtes menschliches Antlitz zu zeigen. Der Abbruch dieses Dialogs ist mit einem schwer lastenden Preis für die Entwicklung der Menschheit verbunden.

57 Der fruchtbare Dialog zwischen Glaube und Vernunft kann nur das Werk der sozialen Nächstenliebe wirksamer machen und bildet den sachgemäßen Rahmen, um die brüderliche Zusam-

menarbeit zwischen Gläubigen und Nichtgläubigen in der gemeinsamen Sicht, für die Gerechtigkeit und den Frieden der Menschheit zu arbeiten, zu fördern. In der Pastoralkonstitution *Gaudium et spes* sagten die Konzilsväter: „Es ist fast einmütige Auffassung der Gläubigen und Nichtgläubigen, daß alles auf Erden auf den Menschen als seinen Mittel- und Höhepunkt hinzuordnen ist".[136] Für die Gläubigen ist die Welt nicht das Produkt des Zufalls noch der Notwendigkeit, sondern eines Planes Gottes. Von daher kommt die Pflicht der Gläubigen, ihre Bemühungen mit allen Menschen guten Willens – Angehörige anderer Religionen oder Nichtgläubige – zu vereinen, damit unsere Welt wirklich dem göttlichen Plan entspricht: als eine Familie unter dem Blick des Schöpfers zu leben. Besonderes Zeichen der Liebe und Leitkriterium für die brüderliche Zusammenarbeit von Gläubigen und Nichtgläubigen ist ganz sicher das *Prinzip der Subsidiarität,*[137] Ausdruck der unveräußerlichen Freiheit des Menschen. Die Subsidiarität ist vor allem eine Hilfe für die Person durch die Autonomie der mittleren Gruppen und Verbände. Solche Hilfe wird geboten, wenn die Person und die sozialen Subjekte es nicht aus eigener Kraft schaffen, und schließt immer emanzipatorische Zielsetzungen ein, da sie die Freiheit und die Partizipation, insofern sie Übernahme von Verantwortung ist, fördert. Die Subsidiarität achtet die Würde der Person, in der sie ein Subjekt sieht, das immer imstande ist, anderen etwas zu geben. Indem sie in der

Gegenseitigkeit die innerste Verfassung des Menschen anerkennt, ist die Subsidiarität das wirksamste Gegenmittel zu jeder Form eines bevormundenden Sozialsystems. Sie kann sowohl die vielfache Gliederung der Ebenen und daher der Vielfalt der Subjekte erklären als auch ihre Koordinierung. Es handelt sich demnach um ein besonders geeignetes Prinzip, um die Globalisierung zu lenken und sie auf eine echte menschliche Entwicklung auszurichten. Um nicht eine gefährliche universale Macht monokratischer Art ins Leben zu rufen, muß die Steuerung der Globalisierung von subsidiärer Art sein, und zwar in mehrere Stufen und verschiedene Ebenen gegliedert, da sie die Frage nach einem globalen Gemeingut aufwirft, das zu verfolgen ist; eine solche Autorität muß aber auf subsidiäre und polyarchische Art und Weise organisiert sein,[138] um die Freiheit nicht zu verletzen und sich konkret wirksam zu erweisen.

58 Das Prinzip der Subsidiarität muß in enger Verbindung mit dem Prinzip der Solidarität gewahrt werden und umgekehrt. Denn wenn die Subsidiarität ohne die Solidarität in einen sozialen Partikularismus abrutscht, so ist ebenfalls wahr, daß die Solidarität ohne die Subsidiarität in ein Sozialsystem abrutscht, das den Bedürftigen erniedrigt. Diese Regel allgemeiner Art muß ebensosehr beachtet werden, wenn Fragen bezüglich internationaler Entwicklungshilfen angegangen werden. Diese können jenseits der Absichten der Geber mit-

unter ein Volk in einer Lage der Abhängigkeit halten oder sogar Situationen von lokaler Herrschaft und Ausbeutung innerhalb des Hilfeempfängerlandes begünstigen. Damit die Wirtschaftshilfen auch wirklich solche sind, dürfen sie keine Hintergedanken verfolgen. Sie müssen unter Miteinbeziehung nicht nur der Regierungen der betroffenen Länder geleistet werden, sondern auch der örtlichen Wirtschaftstreibenden und der Kulturträger der Zivilgesellschaft, einschließlich der örtlichen Kirchen. Die Hilfsprogramme müssen in immer größerem Ausmaß die Merkmale von Programmen annehmen, die Ergänzung und Partizipation von unten einbeziehen. Es ist nämlich wahr, daß in den Ländern, die Entwicklungshilfe empfangen, die größte hervorzuhebende Ressource der Reichtum an Menschen ist: Das ist das echte Kapital, das wachsen muß, um den ärmsten Ländern eine wahre autonome Zukunft zu sichern. Es ist auch daran zu erinnern, daß auf wirtschaftlichem Gebiet die Haupthilfe, derer die Entwicklungsländer bedürfen, darin besteht, die schrittweise Eingliederung ihrer Produkte auf den Weltmärkten zu erlauben und zu fördern und so ihre volle Teilnahme am internationalen Wirtschaftsleben zu ermöglichen. Zu oft haben in der Vergangenheit die Hilfen dazu genützt, nur Nebenmärkte für die Produkte dieser Länder zu schaffen. Dies ist oft vom Fehlen einer echten Nachfrage nach diesen Produkten bedingt: Daher ist es notwendig, diesen Ländern zu helfen, ihre Produkte zu verbessern und sie besser der

Nachfrage anzupassen. Überdies haben einige oft die Konkurrenz der Einfuhr von – normalerweise landwirtschaftlichen – Produkten aus den wirtschaftlich ärmeren Ländern gefürchtet. Dennoch muß daran erinnert werden, daß für diese Länder die Möglichkeit zur Vermarktung solcher Produkte sehr oft bedeutet, ihr Überleben auf kurze und lange Zeit zu sichern. Ein gerechter und ausgeglichener Welthandel im Agrarbereich kann für alle Vorteile bringen, sowohl auf seiten des Angebots wie der Nachfrage. Aus diesem Grund ist es nicht nur notwendig, diese Produktionen kommerziell auszurichten, sondern Welthandelsregeln festzulegen, die sie unterstützen, und die Finanzierungen für die Entwicklung zu verstärken, um diese Wirtschaften produktiver zu machen.

59 Die Entwicklungszusammenarbeit darf nicht die wirtschaftliche Dimension allein betreffen; sie muß eine gute Gelegenheit zur kulturellen und menschlichen Begegnung werden. Wenn die Träger der Kooperation in den wirtschaftlich entwickelten Ländern nicht der eigenen und der fremden kulturellen und auf menschlichen Werten gründenden Identität Rechnung tragen, wie es mitunter geschieht, können sie keinen tiefen Dialog mit den Bürgern der armen Länder aufnehmen. Wenn letztere ihrerseits sich gleichgültig und unterschiedslos jedem kulturellen Angebot öffnen, sind sie nicht in der Lage, die Verantwortung für ihre echte Entwicklung zu übernehmen.[139] Die technologisch

fortgeschrittenen Gesellschaften dürfen die eigene technologische Entwicklung nicht mit einer vermeintlichen kulturellen Überlegenheit verwechseln, sondern müssen bei sich selber zuweilen vergessene Tugenden wiederentdecken, die ihnen eine Blüte in der Geschichte gebracht haben. Die aufstrebenden Gesellschaften müssen dem treu bleiben, was in ihren Traditionen an echt Menschlichem vorhanden ist, indem sie eine automatische Überlagerung mit den Mechanismen der globalisierten technologischen Zivilisation vermeiden. In allen Kulturen gibt es besondere und vielfältige ethische Übereinstimmungen, die Ausdruck derselben menschlichen, vom Schöpfer gewollten Natur sind und die von der ethischen Weisheit der Menschheit Naturrecht genannt wird.[140] Ein solches universales Sittengesetz ist die feste Grundlage eines jeden kulturellen, religiösen und politischen Dialogs und erlaubt dem vielfältigen Pluralismus der verschiedenen Kulturen, sich nicht von der gemeinsamen Suche nach dem Wahren und Guten und nach Gott zu lösen. Die Zustimmung zu diesem in die Herzen eingeschriebenen Gesetz ist daher die Voraussetzung für jede konstruktive soziale Zusammenarbeit. In allen Kulturen gibt es Beschwerliches, von dem man sich befreien, und Schatten, denen man sich entziehen muß. Der christliche Glaube, der in den Kulturen Gestalt annimmt und sie dabei transzendiert, kann ihnen helfen, in universaler Gemeinschaft und Solidarität zum Vorteil der gemeinsamen weltweiten Entwicklung zu wachsen.

60 Bei der Suche nach Lösungen in der gegenwärtigen Wirtschaftskrise muß die Entwicklungshilfe für die armen Länder als ein echtes Mittel zur Vermögensschaffung für alle angesehen werden. Welches andere Hilfsprojekt kann eine selbst für die Weltwirtschaft so bedeutende Wertsteigerung in Aussicht stellen wie die Unterstützung von Völkern, die sich noch in einer Anfangsphase oder wenig fortgeschrittenen Phase ihres wirtschaftlichen Entwicklungsprozesses befinden? Aus diesem Blickwinkel werden die wirtschaftlich mehr entwickelten Länder das Mögliche tun, um höhere Sätze ihres Bruttoinlandprodukts für die Entwicklungshilfe bereitzustellen, wobei natürlich die auf der Ebene der internationalen Gemeinschaft übernommenen Verpflichtungen einzuhalten sind. Sie können dies unter anderem durch eine Revision der Politik der Fürsorge und sozialen Solidarität in ihrem Inneren tun, indem sie das Prinzip der Subsidiarität anwenden und besser integrierte Systeme sozialer Vorsorge mit aktiver Teilnahme der Privatpersonen und der Zivilgesellschaft schaffen. Auf diese Weise ist es sogar möglich, die Sozial- und Fürsorgeleistungen zu verbessern und gleichzeitig Geldmittel zu sparen – auch unter Beseitigung von Verschwendungen und mißbräuchlichen Bezügen –, die für die internationale Solidarität zu bestimmen sind. Ein System sozialer Solidarität, das eine größere Beteiligung kennt und organischer aufgebaut ist, das weniger bürokratisch, aber nicht weniger koordiniert ist, würde es erlauben, viele heute schlum-

mernde Energien auch zum Nutzen der Solidarität unter den Völkern zur Geltung zu bringen.

Eine Möglichkeit der Entwicklungshilfe könnte auf der wirksamen Anwendung der sogenannten steuerlichen Subsidiarität beruhen, die es den Bürgern gestatten würde, über den Bestimmungszweck von Anteilen ihrer dem Staat erbrachten Steuern zu entscheiden. Wenn partikularistische Ausartungen vermieden werden, kann dies dazu verhelfen, Formen sozialer Solidarität von unten zu fördern, wobei offensichtliche Vorteile auch auf seiten der Solidarität für die Entwicklung bestehen.

61 Eine auf internationaler Ebene breitere Solidarität drückt sich vor allem in der weiteren Förderung – selbst unter den Verhältnissen einer Wirtschaftskrise – eines größeren Zugangs zur *Bildung* aus, die andererseits eine wesentliche Bedingung für die Wirksamkeit der internationalen Zusammenarbeit selber ist. Der Begriff „Bildung" bezieht sich nicht allein auf Unterricht und Ausbildung zum Beruf, die beide wichtige Gründe für die Entwicklung sind, sondern auf die umfassende Formung der Person. Diesbezüglich ist ein problematischer Aspekt hervorzuheben: Bei der Erziehung muß man wissen, was die menschliche Person ist, und ihre Natur kennen. Die Behauptung einer relativistischen Sicht dieser Natur stellt die Erziehung, vor allem die moralische Erziehung, vor ernste Probleme, indem sie ihre erweiterte Bedeutung auf universaler Ebene beeinträchtigt. Wenn man

einem solchen Relativismus nachgibt, werden alle ärmer, was negative Auswirkungen auch auf die Wirksamkeit der Hilfe für die notleidenden Völker hat, die nicht nur der wirtschaftlichen und technischen Mittel bedürfen, sondern auch pädagogische Möglichkeiten und Mittel brauchen, die die Personen in ihrer vollen menschlichen Verwirklichung unterstützen.

Ein Beispiel für die Bedeutung dieses Problems bietet uns das Phänomen des internationalen Tourismus,[141] der einen beträchtlichen Faktor für die wirtschaftliche Entwicklung und das kulturelle Wachstum darstellen kann, sich aber auch in eine Gelegenheit zu Ausbeutung und moralischem Verfall verwandeln kann. Die gegenwärtige Situation bietet außergewöhnliche Möglichkeiten, denn die wirtschaftlichen Aspekte der Entwicklung, das heißt die Geldflüsse und der Anfang bedeutender unternehmerischer Erfahrungen vor Ort, können sich mit den kulturellen Aspekten, in erster Linie mit jenem der Bildung, verbinden. In vielen Fällen geschieht dies, aber in vielen anderen ist der internationale Tourismus ein in erzieherischer Hinsicht verderbliches Ereignis sowohl für den Touristen als auch für die örtliche Bevölkerung. Letztere wird oft mit unmoralischem oder sogar perversem Verhalten konfrontiert, wie es beim sogenannten Sextourismus der Fall ist, dem viele Menschen, selbst in jugendlichem Alter, zum Opfer fallen. Es ist schmerzlich festzustellen, daß dies sich oft mit Zustimmung der örtlichen Regierungen, mit dem

Schweigen der Regierungen der Herkunftsländer der Touristen und in Komplizenschaft vieler, die in der Branche tätig sind, abspielt. Auch wenn es nicht zu solchen Auswüchsen kommt, wird der internationale Tourismus nicht selten als Konsum und in hedonistischer Form gelebt, als Flucht und unter den für die Herkunftsländer typischen Bedingungen organisiert, so daß eine echte Begegnung mit den Menschen und der Kultur nicht begünstigt wird. Man muß daher an einen anderen Tourismus denken, der in der Lage ist, ein echtes gegenseitiges Kennenlernen zu fördern, ohne der Erholung und dem gesunden Vergnügen Raum wegzunehmen: Ein Tourismus dieser Art muß – auch dank einer engeren Verbindung der Erfahrung von internationaler Zusammenarbeit und zugunsten der Entwicklung – gefördert werden.

62 Ein anderer Aspekt, der in bezug auf die ganzheitliche menschliche Entwicklung Beachtung verdient, ist das Phänomen der *Migrationen*. Dieses Phänomen erschüttert einen wegen der Menge der betroffenen Personen, wegen der sozialen, wirtschaftlichen, politischen, kulturellen und religiösen Probleme, die es aufwirft, wegen der dramatischen Herausforderungen, vor die es die Nationen und die internationale Gemeinschaften stellt. Wir können sagen, daß wir vor einem sozialen Phänomen epochaler Art stehen, das eine starke und weitblickende Politik der internationalen Kooperation verlangt, um es in angemessener Weise

anzugehen. Eine solche Politik muß ausgehend von einer engen Zusammenarbeit zwischen Herkunfts- und Aufnahmeländern der Migranten entwickelt werden; sie muß mit angemessenen internationalen Bestimmungen einhergehen, die imstande sind, die verschiedenen gesetzgeberischen Ordnungen in Einklang zu bringen in der Aussicht, die Bedürfnisse und Rechte der ausgewanderten Personen und Familien sowie zugleich der Zielgesellschaften der Emigranten selbst zu schützen. Kein Land kann sich allein dazu imstande sehen, den Migrationsproblemen unserer Zeit zu begegnen. Wir alle sind Zeugen der Last an Leid, Entbehrung und Hoffnung, die mit den Migrationsströmen einhergeht. Das Phänomen zu steuern ist bekanntermaßen komplex; dennoch steht fest, daß die Fremdarbeiter trotz der Schwierigkeiten im Zusammenhang mit ihrer Integration durch ihre Arbeit einen bedeutenden Beitrag zur wirtschaftlichen Entwicklung des Gastlandes leisten und darüber hinaus dank der Geldsendungen auch einem Beitrag zur Entwicklung ihrer Ursprungsländer erbringen. Offensichtlich können diese Arbeitnehmer nicht als Ware oder reine Arbeitskraft angesehen werden. Sie dürfen folglich nicht wie irgendein anderer Produktionsfaktor behandelt werden. Jeder Migrant ist eine menschliche Person, die als solche unveräußerliche Grundrechte besitzt, die von allen und in jeder Situation respektiert werden müssen.[142]

63 Bei der Betrachtung der Probleme der Entwicklung kann man nicht anders, als den direkten Zusammenhang zwischen Armut und Arbeitslosigkeit hervorzuheben. In vielen Fällen sind die Armen das Ergebnis der *Verletzung der Würde der menschlichen Arbeit,* da sowohl ihre Möglichkeiten beschränkt werden (Arbeitslosigkeit, Unterbeschäftigung) als auch „die Rechte, die sich aus ihr ergeben, vor allem das Recht auf angemessene Entlohnung und auf die Sicherheit der Person des Arbeitnehmers und seiner Familie, entleert werden".[143] Deswegen hat mein Vorgänger seligen Angedenkens Johannes Paul II. schon am 1. Mai 2000 anläßlich des Jubiläums der Arbeiter zu einer „weltweiten Koalition für würdige Arbeit"[144] aufgerufen und dabei die Strategie der Internationalen Arbeitsorganisation gefördert. Auf diese Weise hat er diesem Ziel als Bestrebung der Familien in allen Ländern der Welt eine starke moralische Bestätigung verliehen. Was bedeutet das Wort „Würde" auf die Arbeit angewandt? Es bedeutet eine Arbeit, die in jeder Gesellschaft Ausdruck der wesenseigenen Würde jedes Mannes und jeder Frau ist: eine frei gewählte Arbeit, die die Arbeitnehmer, Männer und Frauen, wirksam an der Entwicklung ihrer Gemeinschaft teilhaben läßt; eine Arbeit, die auf diese Weise den Arbeitern erlaubt, ohne jede Diskriminierung geachtet zu werden; eine Arbeit, die es gestattet, die Bedürfnisse der Familie zu befriedigen und die Kinder zur Schule zu schicken, ohne daß diese selber gezwungen sind zu arbeiten;

eine Arbeit, die den Arbeitnehmern erlaubt, sich frei zu organisieren und ihre Stimme zu Gehör zu bringen; eine Arbeit, die genügend Raum läßt, um die eigenen persönlichen, familiären und spirituellen Wurzeln wiederzufinden; eine Arbeit, die den in die Rente eingetretenen Arbeitnehmern würdige Verhältnisse sichert.

64 Beim Nachdenken über das Thema Arbeit ist auch ein Hinweis auf den dringenden Bedarf angebracht, daß die *Gewerkschaftsorganisationen der Arbeitnehmer*, die von der Kirche stets gefördert und unterstützt wurden, sich den neuen Perspektiven öffnen, die im Bereich der Arbeit auftauchen. In Überwindung der eigenen Grenzen der kategorialen Gewerkschaften sind die Gewerkschaftsorganisationen dazu aufgerufen, sich um die neuen Probleme unserer Gesellschaft zu kümmern: Ich beziehe mich zum Beispiel auf die Gesamtheit der Fragen, die die Sozialwissenschaftler im Konflikt zwischen Arbeitnehmer und Konsument ermitteln. Ohne notwendigerweise die These eines erfolgten Übergangs von der zentralen Rolle des Arbeiters zu der des Konsumenten vertreten zu müssen, scheint es jedenfalls, daß auch das ein Gebiet für innovative Gewerkschaftserfahrungen ist. Der globale Rahmen, in dem die Arbeit ausgeübt wird, verlangt auch, daß die nationalen Gewerkschaftsorganisationen, die sich vorwiegend auf die Verteidigung der Interessen der eigenen Mitglieder beschränken, den Blick ebenso auf die

Nichtmitglieder richten und insbesondere auf die Arbeitnehmer in den Entwicklungsländern, wo die Sozialrechte oft verletzt werden. Die Verteidigung dieser Erwerbstätigen, die auch durch geeignete Initiativen gegenüber ihren Herkunftsländern gefördert wird, erlaubt den Gewerkschaftsorganisationen, die echten ethischen und kulturellen Gründe hervorzuheben, die es ihnen unter anderen sozialen und Arbeitszusammenhängen gestattet haben, ein entscheidender Faktor für die Entwicklung zu sein. Stets bleibt die traditionelle Lehre der Kirche gültig, die eine Rollen- und Aufgabenunterscheidung von Gewerkschaft und Politik vorschlägt. Diese Unterscheidung erlaubt den Gewerkschaftsorganisationen, in der Zivilgesellschaft jenen Bereich herauszufinden, der am meisten ihrer Tätigkeit entspricht, für die notwendige Verteidigung und Förderung der Arbeitswelt vor allem zugunsten der ausgebeuteten und nicht vertretenen Arbeitnehmer Sorge zu tragen, deren bittere Lage dem zerstreuten Blick der Gesellschaft oft entgeht.

65 Ferner bedarf das *Finanzwesen* als solches einer notwendigen Erneuerung der Strukturen und Bestimmungen seiner Funktionsweisen, deren schlechte Anwendung die Realwirtschaft zuvor geschädigt hat. Auf diese Weise kann es dann wieder ein auf die bessere Vermögensschaffung und auf die Entwicklung zielgerichtetes Instrument werden. Die ganze Wirtschaft und das ganze Finanzwesen – nicht nur einige ihrer Bereiche –

müssen nach ethischen Maßstäben als Werkzeuge gebraucht werden, so daß sie angemessene Bedingungen für die Entwicklung des Menschen und der Völker schaffen. Es ist gewiß nützlich und unter manchen Umständen unerläßlich, Finanzinitiativen ins Leben zu rufen, bei denen die humanitäre Dimension vorherrscht. Dies darf aber nicht vergessen lassen, daß das Finanzsystem insgesamt auf die Unterstützung einer echten Entwicklung zielgerichtet sein muß. Vor allem darf die Absicht, Gutes zu tun, nicht der Intention nach der tatsächlichen Güterproduktionskapazität gegenübergestellt werden. Die Finanzmakler müssen die eigentlich ethische Grundlage ihrer Tätigkeit wiederentdekken, um nicht jene hochentwickelten Instrumente zu mißbrauchen, die dazu dienen können, die Sparer zu betrügen. Redliche Absicht, Transparenz und die Suche nach guten Ergebnissen sind miteinander vereinbar und dürfen nie voneinander gelöst werden. Wenn die Liebe klug ist, kann sie auch die Mittel finden, um gemäß einer weitblickenden und gerechten Wirtschaftlichkeit zu handeln, wie viele Erfahrungen auf dem Gebiet der Kreditgenossenschaften deutlich unterstreichen.

Sowohl eine Regulierung des Bereichs, welche die schwächeren Subjekte absichert und skandalöse Spekulationen verhindert, als auch der Versuch neuer Finanzformen, die zur Förderung von Entwicklungsprojekten bestimmt sind, bedeuten positive Erfahrungen, die vertieft und gefördert werden müssen und zugleich an die Eigenverantwortung des Sparers appellieren. Auch die *Erfahrung des Mikrofinanzwesens,* das seine eigenen Wurzeln in den Überlegungen und Werken der bürgerlichen Humanisten hat – ich denke vor allem an das Entstehen der Leihhäuser –, muß bestärkt und ausgearbeitet werden, besonders in diesen Momenten, wo die Finanzprobleme für viele verwundbarere Teile der Bevölkerung, die vor den Risiken von Wucher oder vor der Hoffnungslosigkeit geschützt werden müssen, dramatisch werden können. Die schwächeren Subjekte müssen angeleitet werden, sich vor dem Wucher zu verteidigen. Ebenso sind die armen Völker darin zu schulen, realen Nutzen aus dem Mikrokredit zu ziehen. Auf diese Weise werden die Möglichkeiten von Ausbeutung in diesen zwei Bereichen gebremst. Da es auch in den reichen Ländern neue Formen von Armut gibt, kann das Mikrofinanzwesen Hilfen geben, neue Initiativen und Bereiche zugunsten der schwachen Gesellschaftsschichten selbst in Phasen einer möglichen Verarmung der Gesellschaft zu schaffen.

66 Die weltweite Vernetzung hat eine neue politische Macht aufsteigen lassen, und zwar jene der *Konsumenten* und ihrer Verbände. Es handelt sich um ein Phänomen, das eingehend zu studieren ist, weil es positive Elemente enthält, die gefördert werden müssen, wie auch Übertreibungen, die zu vermeiden sind. Es ist gut, daß sich die Menschen bewußt werden, daß das Kaufen nicht nur ein wirtschaftlicher Akt, sondern immer auch

eine moralische Handlung ist. Die Konsumenten haben daher eine klare soziale Verantwortung, die mit der sozialen Verantwortung des Unternehmens einhergeht. Sie müssen ständig zu der Rolle erzogen werden,[145] die sie täglich ausüben und die sie in der Achtung vor den moralischen Grundsätzen ausführen können, ohne die eigene wirtschaftliche Vernünftigkeit des Kaufakts herabzusetzen. Gerade in Zeiten wie denen, die wir erleben, wo die Kaufkraft sich verringern könnte und man sich beim Konsum mäßigen sollte, ist es auch im Bereich des Erwerbs notwendig, andere Wege zu beschreiten, wie zum Beispiel die Formen von Einkaufskooperativen wie die Konsumgenossenschaften, die seit dem neunzehnten Jahrhundert auch dank der Initiative von Katholiken tätig sind. Ferner ist es nützlich, neue Formen der Vermarktung von Produkten, die aus unterdrückten Gebieten der Erde stammen, zu fördern, um den Erzeugern einen annehmbaren Lohn zu sichern unter der Bedingung, daß es sich wirklich um einen transparenten Markt handelt, daß die Erzeuger nicht nur eine höhere Gewinnspanne, sondern auch eine bessere Ausbildung, Professionalität und Technologie erhalten und daß sich schließlich mit solchen Wirtschaftserfahrungen für die Entwicklung nicht parteiideologische Ansichten verbinden. Eine wirksamere Rolle der Verbraucher, wenn diese selbst nicht von Verbänden manipuliert werden, die sie nicht wirklich vertreten, ist als Faktor einer wirtschaftlichen Demokratie wünschenswert.

67 Gegenüber der unaufhaltsamen Zunahme weltweiter gegenseitiger Abhängigkeit wird gerade auch bei einer ebenso weltweit anzutreffenden Rezession stark die Dringlichkeit einer Reform sowohl der *Organisation der Vereinten Nationen* als auch der *internationalen Wirtschafts- und Finanzgestaltung* empfunden, damit dem Konzept einer Familie der Nationen reale und konkrete Form gegeben werden kann. Desgleichen wird als dinglich gesehen, innovative Formen zu finden, um das Prinzip der Schutzverantwortung[146] anzuwenden und um auch den ärmeren Nationen eine wirksame Stimme in den gemeinschaftlichen Entscheidungen zuzuerkennen. Dies scheint gerade im Hinblick auf eine politische, rechtliche und wirtschaftliche Ordnung notwendig, die die internationale Zusammenarbeit auf die solidarische Entwicklung aller Völker hin fördert und ausrichtet. Um die Weltwirtschaft zu steuern, die von der Krise betroffenen Wirtschaften zu sanieren, einer Verschlimmerung der Krise und sich daraus ergebenden Ungleichgewichten vorzubeugen, um eine geeignete vollständige Abrüstung zu verwirklichen, die Sicherheit und den Frieden zu nähren, den Umweltschutz zu gewährleisten und die Migrationsströme zu regulieren, ist das Vorhandensein einer echten *politischen Weltautorität*, wie sie schon von meinem Vorgänger, dem seligen Papst Johannes XXIII., angesprochen wurde, dringend nötig. Eine solche Autorität muß sich dem Recht unterordnen, sich auf konsequente Weise an die Prinzipien der Sub-

sidiarität und Solidarität halten, auf die Verwirklichung des Gemeinwohls hingeordnet sein,[147] sich für die Verwirklichung einer echten ganzheitlichen menschlichen Entwicklung einsetzen, die sich von den Werten der Liebe in der Wahrheit inspirieren läßt. Darüber hinaus muß diese Autorität von allen anerkannt sein, über wirksame Macht verfügen, um für jeden Sicherheit, Wahrung der Gerechtigkeit und Achtung der Rechte zu gewährleisten.[148] Offensichtlich muß sie die Befugnis besitzen, gegenüber den Parteien den eigenen Entscheidungen wie auch den in den verschiedenen internationalen Foren getroffenen abgestimmten Maßnahmen Beachtung zu verschaffen. In Ermangelung dessen würde nämlich das internationale Recht trotz der großen Fortschritte, die auf den verschiedenen Gebieten erzielt worden sind, Gefahr laufen, vom Kräftegleichgewicht der Stärkeren bestimmt zu werden. Die ganzheitliche Entwicklung der Völker und die internationale Zusammenarbeit erfordern, daß eine übergeordnete Stufe internationaler Ordnung von subsidiärer Art für die Steuerung der Globalisierung errichtet wird[149] und daß eine der moralischen Ordnung entsprechende Sozialordnung sowie jene Verbindung zwischen moralischem und sozialem Bereich, zwischen Politik und wirtschaftlichem und zivilem Bereich, die schon in den Statuten der Vereinten Nationen dargelegt wurde, endlich verwirklicht werden.

Sechstes Kapitel

Die Entwicklung der Völker und die Technik

68 Das Thema der Entwicklung der Völker ist eng mit dem der Entwicklung jedes einzelnen Menschen verbunden. Der Mensch ist von seiner Natur aus in dynamischer Weise auf die eigene Entwicklung ausgerichtet. Dabei handelt es sich nicht um eine von natürlichen Mechanismen gewährleistete Entwicklung, denn jeder von uns weiß, daß er imstande ist, freie und verantwortungsvolle Entscheidungen zu treffen. Es handelt sich auch nicht um eine Entwicklung, die unserer Willkür überlassen ist, da wir alle wissen, daß wir Geschenk sind und nicht Ergebnis einer Selbsterzeugung. Die Freiheit ist in uns ursprünglich von unserem Sein und dessen Grenzen bestimmt. Niemand formt eigenmächtig das eigene Bewußtsein, sondern alle bauen das eigene „Ich" auf der Grundlage eines „Selbst" auf, das uns gegeben ist. Wir können über andere Menschen und auch über uns selbst nicht verfügen. *Die Entwicklung des Menschen verkommt, wenn er sich anmaßt, sein eigener und einziger Hervorbringer zu sein.* Ähnlich gerät die Entwicklung der Völker aus den Bahnen, wenn die Menschheit meint, sich wiedererschaffen zu können, wenn sie

sich der „Wunder“ der Technik bedient. So wie sich die wirtschaftliche Entwicklung als trügerisch und schädlich herausstellt, wenn sie sich den „Wundern“ der Finanzwelt anvertraut, um ein unnatürliches und konsumorientiertes Wachstum zu unterstützen. Gegenüber dieser prometheischen Anmaßung müssen wir die Liebe zu einer Freiheit stärken, die nicht willkürlich ist, sondern durch die Anerkennung des ihr vorausgehenden Guten menschlicher geworden ist. Dazu muß der Mensch wieder zu sich kommen, um die Grundnormen des natürlichen Sittengesetzes zu erkennen, das Gott ihm ins Herz geschrieben hat.

69 Das Problem der Entwicklung ist heute eng mit dem *technologischen Fortschritt* und mit dessen erstaunlichen Anwendungen im Bereich der Biologie verbunden. Die Technik – das sei hier unterstrichen – ist eine zutiefst menschliche Erscheinung, die an die Autonomie und Freiheit des Menschen geknüpft ist. In der Technik kommt zum Ausdruck und bestätigt sich die Herrschaft des Geistes über die Materie. „Der Geist des Menschen kann sich, von der Versklavung unter die Sachwelt befreit, ungehinderter zur Kontemplation und Anbetung des Schöpfers erheben“.[150] Die Technik gestattet es, die Materie zu beherrschen, die Risiken zu verringern, Mühe zu sparen, die Lebensbedingungen zu verbessern. Sie entspricht der eigentlichen Berufung der menschlichen Arbeit: In der Technik, die als Werk seines Geistes gesehen

wird, erkennt der Mensch sich selbst und verwirklicht das eigene Menschsein. Die Technik ist der objektive Aspekt der menschlichen Arbeit,[151] deren Ursprung und Daseinsberechtigung im subjektiven Element liegt: dem arbeitenden Menschen. Darum ist die Technik niemals nur Technik. Sie zeigt den Menschen und sein Streben nach Entwicklung, sie ist Ausdruck der Spannung des menschlichen Geistes bei der schrittweisen Überwindung gewisser materieller Bedingtheiten. *Die Technik fügt sich daher in den Auftrag ein, „die Erde zu bebauen und zu hüten"* (vgl. Gen 2,15), den Gott dem Menschen erteilt hat, und muß darauf ausgerichtet sein, jenen Bund zwischen Mensch und Umwelt zu stärken, der Spiegel der schöpferischen Liebe Gottes sein soll.

70 Die technologische Entwicklung kann zur Idee verleiten, daß sich die Technik selbst genügt, wenn der Mensch sich nur die Frage nach dem *Wie* stellt und die vielen *Warum* unbeachtet läßt, von denen er zum Handeln angespornt wird. Das ist der Grund dafür, daß die Technik ein zwiespältiges Gesicht annimmt. Da sie aus der menschlichen Kreativität als dem Werkzeug der Freiheit der Person hervorgegangen ist, kann die Technik als Element absoluter Freiheit verstanden werden, jener Freiheit, die von den Grenzen absehen will, die die Dinge in sich tragen. Der Globalisierungsprozeß könnte die Ideologien durch die Technik ersetzen,[152] die selbst zu einer ideologischen Macht

geworden ist und die Menschheit der Gefahr aussetzt, sich in einem Apriori eingeschlossen zu finden, aus dem sie nicht ausbrechen kann, um dem Sein und der Wahrheit zu begegnen. In diesem Fall würden wir alle unsere Lebensumstände innerhalb eines technokratischen Kulturhorizonts, dem wir strukturell angehören würden, erkennen, einschätzen und bestimmen, ohne je einen Sinn finden zu können, den wir nicht selbst erzeugt haben. Diese Vorstellung macht heute die technizistische Mentalität so stark, daß sie das Wahre mit dem Machbaren zusammenfallen läßt. Wenn aber die Effizienz und der Nutzen das einzige Kriterium der Wahrheit sind, wird automatisch die Entwicklung geleugnet. Denn die echte Entwicklung besteht nicht in erster Linie im Tun. Schlüssel der Entwicklung ist ein Verstand, der in der Lage ist, die Technik zu durchdenken und den zutiefst menschlichen Sinn des Tuns des Menschen im Sinnhorizont der in der Gesamtheit ihres Seins genommenen Person zu erfassen. Auch wenn der Mensch durch einen Satelliten oder einen ferngesteuerten elektronischen Impuls tätig ist, bleibt sein Tun immer menschlich, Ausdruck verantwortlicher Freiheit. Die Technik wirkt auf den Menschen sehr anziehend, weil sie ihn den physischen Beschränkungen entreißt und seinen Horizont erweitert. *Aber die menschliche Freiheit ist nur dann im eigentlichen Sinn sie selbst, wenn sie auf den Zauber der Technik mit Entscheidungen antwortet, die Frucht moralischer Verantwortung sind.* Daraus ergibt sich die Dringlichkeit einer Erziehung zur sittlichen Verantwortung im Umgang mit der Technik. Ausgehend von der Faszination, die die Technik auf den Menschen ausübt, muß man den wahren Sinn der Freiheit wiedergewinnen, die nicht in der Trunkenheit einer totalen Autonomie besteht, sondern in der Antwort auf den Aufruf des Seins, angefangen bei dem Sein, das wir selbst sind.

71 Dieses mögliche Abweichen der technischen Denkweise von ihrem ursprünglichen humanistischen Lauf ist heute in den Phänomenen der Technisierung sowohl der Entwicklung wie des Friedens offenkundig. Häufig wird die Entwicklung der Völker als eine Frage der Finanzierungstechnik, der Öffnung der Märkte, der Zollsenkung, der Produktionsinvestitionen, der institutionellen Reformen – letztlich als eine rein technische Frage gesehen. Alle diese Bereiche sind äußerst wichtig, aber man muß sich fragen, warum die Entscheidungen technischer Art bis jetzt nur einigermaßen funktioniert haben. Der Grund dafür muß tiefer gesucht werden. Die Entwicklung wird niemals von gleichsam automatischen und unpersönlichen Kräften – seien es jene des Marktes oder jene der internationalen Politik – vollkommen garantiert werden. *Ohne rechtschaffene Menschen, ohne Wirtschaftsfachleute und Politiker, die in ihrem Gewissen den Aufruf zum Gemeinwohl nachdrücklich leben, ist die Entwicklung nicht möglich.* Sowohl die berufliche Vorbereitung wie die moralische Konsequenz sind vonnöten. Wenn sich die Verabsolutierung der Technik durch-

setzt, kommt es zu einer Verwechslung von Zielen und Mitteln; der Unternehmer wird als einziges Kriterium für sein Handeln den höchsten Gewinn der Produktion ansehen; der Politiker die Festigung der Macht; der Wissenschaftler das Ergebnis seiner Entdeckungen. So geschieht es, daß oft unter dem Netz der Wirtschafts-, Finanz- oder politischen Beziehungen Unverständnis, Unbehagen und Ungerechtigkeiten weiterbestehen; die Ströme technischen Fachwissens vervielfachen sich, allerdings zum Vorteil ihrer Eigentümer, während die tatsächliche Situation der Völker, die jenseits und fast immer im Schatten dieser Ströme leben, weiter unverändert und ohne reale Emanzipationsmöglichkeiten bleibt.

72 Auch der Friede läuft mitunter Gefahr, als ein technisches Produkt – lediglich als Ergebnis von Abkommen zwischen Regierungen oder von Initiativen zur Sicherstellung effizienter Wirtschaftshilfen – betrachtet zu werden. Es stimmt, daß der *Aufbau des Friedens* das ständige Knüpfen diplomatischer Kontakte, wirtschaftlichen und technologischen Austausch, kulturelle Begegnungen, Abkommen über gemeinsame Vorhaben ebenso erfordert wie die Übernahme gemeinsam geteilter Verpflichtungen, um kriegerische Bedrohungen einzudämmen und die regelmäßig wiederkehrenden terroristischen Versuchungen an der Wurzel freizulegen. Damit diese Bemühungen dauerhafte Wirkungen hervorbringen können, müssen sie sich

allerdings auf Werte stützen können, die in der Wahrheit des Lebens verwurzelt sind. Das heißt, man muß die Stimme der betreffenden Bevölkerung hören und sich ihre Lage anschauen, um ihre Erwartungen entsprechend zu deuten. Hier muß man sich sozusagen ständig in eine Linie mit der anonym geleisteten Anstrengung so vieler Menschen stellen, die sich sehr dafür engagieren, die Begegnung zwischen den Völkern zu fördern und die Entwicklung ausgehend von Liebe und gegenseitigem Verständnis zu begünstigen. Unter diesen Personen sind auch gläubige Christen, die an der großen Aufgabe beteiligt sind, der Entwicklung und dem Frieden einen vollauf menschlichen Sinn zu geben.

73 Mit der technologischen Entwicklung verbunden ist die gestiegene Verbreitung der *sozialen Kommunikationsmittel*. Es ist bereits fast unmöglich, sich die Existenz der menschlichen Familie ohne sie vorzustellen. Im guten wie im bösen sind sie dermaßen im Leben der Welt präsent, daß die Einstellung derjenigen, die die Neutralität der sozialen Kommunikationsmittel behaupten und daher ihre Autonomie in bezug auf die die Menschen betreffende Moral fordern, wirklich absurd erscheint. Derartige Sichtweisen, die die strikt technische Natur der Medien nachdrücklich betonen, begünstigen tatsächlich oft ihre Unterordnung unter das wirtschaftliche Kalkül, unter die Absicht, die Märkte zu beherrschen, und nicht zuletzt unter

das Verlangen, kulturelle Parameter aufzuerlegen, die Projekten ideologischer und politischer Macht dienen. Angesichts ihrer fundamentalen Bedeutung bei der Bestimmung von Veränderungen in der Art und Weise, wie die Wirklichkeit und die menschliche Person selbst wahrgenommen und kennengelernt wird, wird ein aufmerksames Nachdenken über ihren Einfluß besonders gegenüber der ethisch-kulturellen Dimension der Globalisierung und der solidarischen Entwicklung der Völker notwendig. Entsprechend dem, was von einem korrekten Umgang mit der Globalisierung und Entwicklung gefordert wird, *müssen Sinn und Zielsetzung der Medien auf anthropologischer Grundlage gesucht werden*. Das heißt, daß sie nicht nur dann *Gelegenheit zur Humanisierung* werden können, wenn sie dank der technologischen Entwicklung größere Kommunikations- und Informationsmöglichkeiten bieten, sondern vor allem dann, wenn sie im Licht eines Bildes vom Menschen und vom Gemeinwohl, das deren universale Bedeutung widerspiegelt, organisiert und ausgerichtet werden. Die sozialen Kommunikationsmittel begünstigen weder die Freiheit noch globalisieren sie die Entwicklung und die Demokratie für alle einfach deshalb, weil sie die Möglichkeiten der Verbindung und Zirkulation von Ideen vervielfachen. Um solche Ziele zu erreichen, müssen sie auf die Förderung der Würde der Menschen und der Völker ausgerichtet sein, ausdrücklich von der Liebe beseelt sein und im Dienst der Wahrheit, des Guten sowie der natürlichen und übernatürlichen Brüderlichkeit stehen. In der Menschheit ist die Freiheit nämlich mit diesen höheren Werten innerlich verbunden. Die Medien können eine wertvolle Hilfe darstellen, um die Gemeinschaft der menschlichen Familie und das Ethos der Gesellschaften wachsen zu lassen, wenn sie Werkzeuge zur Förderung der allgemeinen Teilnahme an der gemeinsamen Suche nach dem, was gerecht ist, werden.

74 Der wichtigste und entscheidende Bereich der kulturellen Auseinandersetzung zwischen dem Absolutheitsanspruch der Technik und der moralischen Verantwortung des Menschen ist heute die *Bioethik,* wo auf radikale Weise die Möglichkeit einer ganzheitlichen menschlichen Entwicklung selbst auf dem Spiel steht. Es handelt sich um einen äußerst heiklen und entscheidenden Bereich, in dem mit dramatischer Kraft die fundamentale Frage auftaucht, ob sich der Mensch selbst hervorgebracht hat oder ob er von Gott abhängt. Die wissenschaftlichen Entdeckungen auf diesem Gebiet und die Möglichkeiten technischer Eingriffe scheinen so weit vorangekommen zu sein, daß sie uns vor die Wahl zwischen den zwei Arten der Rationalität stellt: die auf Transzendenz hin offene Vernunft oder die in der Immanenz eingeschlossene Vernunft. Man steht also vor einem entscheidenden Entweder-Oder. Die Rationalität des auf sich selbst zentrierten technischen Machens erweist sich jedoch als irrational, weil sie eine ent-

schiedene Ablehnung von Sinn und Wert mit sich bringt. Nicht zufällig prallen das Sich-Verschließen gegenüber der Transzendenz und die Schwierigkeit zu denken, wie aus dem Nichts das Sein hervorgegangen und wie aus dem Zufall der Verstand entstanden sein soll, aufeinander.[153] Angesichts dieser dramatischen Probleme helfen sich Vernunft und Glaube gegenseitig. Nur gemeinsam werden sie den Menschen retten. *Die vom reinen technischen Tun gefesselte Vernunft ist ohne den Glauben dazu verurteilt, sich in der Illusion der eigenen Allmacht zu verlieren. Der Glaube ist ohne die Vernunft der Gefahr der Entfremdung vom konkreten Leben der Menschen ausgesetzt.*[154]

75 Schon Papst Paul VI. hatte den weltweiten Horizont der sozialen Frage erkannt und auf ihn hingewiesen.[155] Wenn man ihm auf diesem Weg folgt, muß man heute feststellen, daß *die soziale Frage in radikaler Weise zu einer anthropologischen Frage* geworden ist, insofern sie die Möglichkeit selbst beinhaltet, das Leben, das von den Biotechnologien immer mehr in die Hände des Menschen gelegt wird, nicht nur zu verstehen, sondern auch zu manipulieren. In der heutigen Kultur der totalen Ernüchterung, die glaubt, alle Geheimnisse aufgedeckt zu haben, weil man bereits an die Wurzel des Lebens gelangt ist, kommt es zur Entwicklung und Förderung von In-vitro-Fertilisation, Embryonenforschung, Möglichkeiten des Klonens und der Hybridisierung des Menschen.

Hier findet der Absolutheitsanspruch der Technik seinen massivsten Ausdruck. In dieser Art von Kultur ist das Gewissen nur dazu berufen, eine rein technische Möglichkeit zur Kenntnis zu nehmen. Man kann jedoch nicht die beunruhigenden Szenarien für die Zukunft des Menschen und die neuen mächtigen Instrumente, die der „Kultur des Todes" zur Verfügung stehen, bagatellisieren. Zur verbreiteten tragischen Plage der Abtreibung könnte in Zukunft – aber insgeheim bereits jetzt schon *in nuce* vorhanden – eine systematische eugenische Geburtenplanung hinzukommen. Auf der entgegengesetzten Seite wird einer *mens euthanasica* der Weg bereitet, einem nicht weniger mißbräuchlichen Ausdruck der Herrschaft über das Leben, das unter bestimmten Bedingungen als nicht mehr lebenswert betrachtet wird. Hinter diesen Szenarien stehen kulturelle Auffassungen, welche die menschliche Würde leugnen. Diese Praktiken sind ihrerseits dazu bestimmt, eine materielle und mechanistische Auffassung vom menschlichen Leben zu nähren. Wer wird die negativen Auswirkungen einer solchen Mentalität auf die Entwicklung ermessen können? Wie wird man sich noch über die Gleichgültigkeit gegenüber den Situationen menschlichen Verfalls wundern können, wenn die Gleichgültigkeit sogar unsere Haltung gegenüber dem, was menschlich ist oder nicht, kennzeichnet? Es verwundert einen die willkürliche Selektivität all dessen, was heute als achtenswert vorgeschlagen wird. Während viele gleich bereit sind, sich über

Nebensächlichkeiten zu entrüsten, scheinen sie unerhörte Ungerechtigkeiten zu tolerieren. Während die Armen der Welt noch immer an die Türen der Üppigkeit klopfen, läuft die reiche Welt Gefahr, wegen eines Gewissens, das bereits unfähig ist, das Menschliche zu erkennen, jene Schläge an ihre Tür nicht mehr zu hören. Gott enthüllt dem Menschen den Menschen; die Vernunft und der Glaube arbeiten zusammen, ihm das Gute zu zeigen, wenn er es nur sehen wollte; das Naturrecht, in dem die schöpferische Vernunft aufscheint, zeigt die Größe des Menschen auf, aber auch sein Elend, wenn er den Ruf der moralischen Wahrheit nicht annimmt.

76 Einer der Aspekte des modernen technisierten Geistes besteht in der Neigung, die mit dem Innenleben verbundenen Fragen und Regungen nur unter einem psychologischen Gesichtspunkt bis hin zum neurologischen Reduktionismus zu betrachten. Die Innerlichkeit des Menschen wird so entleert, und das Bewußtsein von der ontologischen Beschaffenheit der menschlichen Seele mit ihren Tiefen, die die Heiligen auszuloten wußten, geht allmählich verloren. *Die Frage der Entwicklung ist auch mit unserer Auffassung von der Seele des Menschen eng verbunden,* da unser Ich oft auf die Psyche reduziert wird und die Gesundheit der Seele mit dem emotionalen Wohlbefinden verwechselt wird. Diesen Verkürzungen liegt ein tiefes Unverständnis des geistlichen Lebens zugrunde. Sie führen dazu, nicht anerkennen zu wollen, daß die Entwicklung

des Menschen und der Völker jedoch auch von der Lösung von Problemen geistlicher Art abhängt. *Die Entwicklung muß außer dem materiellen auch ein geistig-geistliches Wachstum umfassen,* weil der Mensch eine „Einheit aus Seele und Leib“[156] ist, geboren von der schöpferischen Liebe Gottes und zum ewigen Leben bestimmt. Der Mensch entwickelt sich, wenn er im Geist wächst, wenn seine Seele sich selbst und die Wahrheiten erkennt, die Gott ihr keimhaft eingeprägt hat, wenn er mit sich selbst und mit seinem Schöpfer redet. Fern von Gott ist der Mensch unstet und krank. Die soziale und psychologische Entfremdung und die vielen Neurosen, die für die reichen Gesellschaften kennzeichnend sind, verweisen auch auf Ursachen geistlicher Natur. Eine materiell entwickelte, aber für die Seele bedrückende Wohlstandsgesellschaft ist an und für sich nicht auf echte Entwicklung ausgerichtet. Die neuen Formen der Knechtschaft der Droge und die Verzweiflung, in die viele Menschen geraten, finden nicht nur eine soziologische und psychologische, sondern eine im wesentlichen geistliche Erklärung. Die Leere, der sich die Seele trotz vieler Therapien für Leib und Psyche überlassen fühlt, ruft Leiden hervor. *Es gibt keine vollständige Entwicklung und kein universales Gemeinwohl ohne das geistliche und moralische Wohl der* in ihrer Gesamtheit von Seele und Leib gesehenen *Personen.*

77 Der Absolutheitsanspruch der Technik neigt dazu, eine Unfähigkeit entstehen zu lassen, das wahrzunehmen, was sich nicht mit der bloßen Materie erklären läßt. Und doch erfahren alle Menschen so viele immaterielle und geistige Aspekte ihres Lebens. Erkennen ist nicht ein nur materieller Akt, weil das Erkannte immer etwas verbirgt, was über die empirische Gegebenheit hinausgeht. Jede Erkenntnis, auch die einfachste, ist immer ein kleines Wunder, weil sie sich mit den materiellen Mitteln, die wir anwenden, nie vollständig erklären läßt. In jeder Wahrheit steckt mehr, als wir selbst es uns erwartet hätten, in der Liebe, die wir empfangen, ist immer etwas für uns Überraschendes. Wir sollten niemals aufhören, angesichts dieser Wunder zu staunen. In jeder Erkenntnis und in jeder Liebeshandlung erlebt die Seele des Menschen ein „Mehr", das sehr einer empfangenen Gabe gleicht, einer Erhabenheit, zu der wir uns erhöht fühlen. Auch die Entwicklung des Menschen und der Völker steht auf einer ähnlichen Höhe, wenn wir die *geistige Dimension* betrachten, die diese Entwicklung notwendigerweise kennzeichnen muß, damit sie echt sein kann. Sie erfordert neue Augen und ein neues Herz, die imstande sind, *die materialistische Sicht der menschlichen Geschehnisse zu überwinden* und in der Entwicklung ein „darüber hinaus" zu sehen, das die Technik nicht geben kann. Auf diesem Weg wird es möglich sein, jene ganzheitliche menschliche Entwicklung fortzusetzen, die ihr Orientierungskriterium in der Antriebskraft der Liebe in der Wahrheit hat.

Schluss

78 Ohne Gott weiß der Mensch nicht, wohin er gehen soll, und vermag nicht einmal zu begreifen, wer er ist. Angesichts der enormen Probleme der Entwicklung der Völker, die uns fast zur Mutlosigkeit und zum Aufgeben drängen, kommt uns das Wort des Herrn Jesus Christus zu Hilfe, der uns wissen läßt: „Getrennt von mir könnt ihr nichts vollbringen" (Joh 15,5) und uns ermutigt: „Ich bin bei euch alle Tage bis zum Ende der Welt" (Mt 28,20). Angesichts der Arbeitsfülle, die zu bewältigen ist, werden wir im Glauben an die Gegenwart Gottes aufrechterhalten an der Seite derer, die sich in seinem Namen zusammentun und für die Gerechtigkeit arbeiten. Papst Paul VI. hat uns in *Populorum progressio* daran erinnert, daß der Mensch nicht in der Lage ist, seinen Fortschritt allein zu betreiben, weil er nicht von sich aus einen echten Humanismus begründen kann. Nur wenn wir daran denken, daß wir als einzelne und als Gemeinschaft dazu berufen sind, als seine Kinder zur Familie Gottes zu gehören, werden wir auch dazu fähig sein, ein neues Denken hervorzubringen und neue Kräfte im Dienst eines echten ganzheitlichen Humanismus zu entfalten. Die große Kraft im Dienst der Entwicklung ist daher ein christlicher Humanismus,[157] der die Liebe belebt und sich von der Wahrheit leiten läßt, indem er die eine und die andere als bleibende Gabe Gottes empfängt. Die

Verfügbarkeit gegenüber Gott öffnet uns zur Verfügbarkeit gegenüber den Brüdern und gegenüber einem Leben, das als solidarische und frohe Aufgabe verstanden wird. Umgekehrt stellen die ideologische Verschlossenheit gegenüber Gott und der Atheismus der Gleichgültigkeit, die den Schöpfer vergessen und Gefahr laufen, auch die menschlichen Werte zu vergessen, heute die größten Hindernisse für die Entwicklung dar. *Der Humanismus, der Gott ausschließt, ist ein unmenschlicher Humanismus.* Nur ein für das Absolute offener Humanismus kann uns bei der Förderung und Verwirklichung von sozialen und zivilen Lebensformen – im Bereich der Strukturen, der Einrichtungen, der Kultur, des Ethos – leiten, indem er uns vor der Gefahr bewahrt, zu Gefangenen von Moden des Augenblicks zu werden. Es ist das Wissen um die unzerstörbare Liebe Gottes, das uns in dem mühsamen und erhebenden Einsatz für die Gerechtigkeit und für die Entwicklung der Völker zwischen Erfolgen und Mißerfolgen in der unablässigen Verfolgung rechter Ordnungen für die menschlichen Angelegenheiten unterstützt. *Die Liebe Gottes ruft uns zum Aussteigen aus allem, was begrenzt und nicht endgültig ist; sie macht uns Mut, weiterzuarbeiten in der Suche nach dem Wohl für alle,* auch wenn es sich nicht sofort verwirklichen läßt, auch wenn das, was uns zu verwirklichen gelingt – uns und den politischen Autoritäten und Wirtschaftsfachleuten –, stets weniger ist als das, was wir anstreben.[158] Gott gibt uns die Kraft, zu kämpfen und aus Liebe für das gemeinsame Wohl zu leiden, weil er unser Alles, unsere größte Hoffnung ist.

79 *Die Entwicklung braucht Christen, die die Arme zu Gott erheben* in der Geste des Gebets, Christen, die von dem Bewußtsein getragen sind, daß die von Wahrheit erfüllte Liebe, *caritas in veritate,* von der die echte Entwicklung ausgeht, nicht unser Werk ist, sondern uns geschenkt wird. Darum müssen wir auch in den schwierigsten und kompliziertesten Angelegenheiten nicht nur bewußt reagieren, sondern uns vor allem auf seine Liebe beziehen. Die Entwicklung beinhaltet Aufmerksamkeit für das geistliche Leben, ernsthafte Beachtung der Erfahrungen des Gottvertrauens, der geistlichen Brüderlichkeit in Christus, des Sich-Anvertrauens an die göttliche Vorsehung und Barmherzigkeit, der Liebe und Vergebung, des Selbstverzichts, der Annahme des Nächsten, der Gerechtigkeit und des Friedens. Das alles ist unverzichtbar, um die „Herzen von Stein" in „Herzen von Fleisch" zu verwandeln (Ez 36,26), um so das Leben auf der Erde „göttlich" und damit menschenwürdiger zu machen. Das alles *gehört dem Menschen,* weil der Mensch Subjekt seiner Existenz ist; und zugleich *gehört es Gott,* weil Gott am Anfang und am Ende von all dem steht, was gilt und erlöst: „Welt, Leben, Tod, Gegenwart und Zukunft: alles gehört euch; ihr aber gehört Christus, und Christus gehört Gott" (1 Kor 3,22–23). Das tiefe Verlangen des Christen ist, daß die ganze menschliche

Familie Gott als „Vater unser!" anrufen kann. Zusammen mit dem Eingeborenen Sohn können alle Menschen lernen, zum Vater zu beten und ihn mit den Worten, die Jesus selbst uns gelehrt hat, zu bitten, ihn heiligen zu können, wenn sie nach seinem Willen leben, und dann das nötige tägliche Brot zu haben sowie Verständnis und Großzügigkeit gegenüber den Schuldigern, nicht zu sehr auf die Probe gestellt und vom Bösen befreit zu werden (vgl. Mt 6,9–13).

Zum Abschluß des Paulusjahres möchte ich diesen Wunsch mit den Worten des Apostels aus dem Brief an die Römer zum Ausdruck bringen: *„Eure Liebe sei ohne Heuchelei. Verabscheut das Böse, haltet fest am Guten! Seid einander in brüderlicher Liebe zugetan, übertrefft euch in gegenseitiger Achtung"* (12,9–10). Die Jungfrau Maria, die von Papst Paul VI. zur *Mater Ecclesiae* erklärt wurde und vom christlichen Volk als *Speculum iustitiae* und *Regina pacis* verehrt wird, beschütze und erhalte uns durch ihre himmlische Fürsprache die Kraft, die Hoffnung und die Freude, die wir brauchen, um uns weiterhin großzügig der Verpflichtung zu widmen, „die Entwicklung des ganzen Menschen und aller Menschen"[159] zu verwirklichen.

Gegeben zu Rom, Sankt Peter, am 29. Juni, dem Fest der heiligen Apostel Petrus und Paulus, im Jahr 2009, dem fünften Jahr meines Pontifikats.

BENEDICTUS PP. XVI

Anmerkungen

[1] Vgl. Paul VI., Enzyklika *Populorum progressio* (26. März 1967), 22: AAS 59 (1967), 268; Zweites Vatikanisches Konzil, Pastoralkonstistution über die Kirche in der Welt von heute *Gaudium et spes,* 69.

[2] *Ansprache zum Tag der Entwicklung* (23. August 1968): AAS 60 (1968), 626–627.

[3] Vgl. *Botschaft zum Weltfriedenstag 2002:* AAS 94 (2002), 132–140.

[4] Vgl. Zweites Vatikanisches Konzil, Pastoralkonstitution über die Kirche in der Welt von heute *Gaudium et spes,* 26.

[5] Vgl. Johannes XXIII., Enzyklika *Pacem in terris* (11. April 1963): AAS 55 (1963), 268–270.

[6] Vgl. Nr. 16: a. a. O., 265.

[7] Vgl. ebd., 82: a. a. O., 297.

[8] Ebd., 42: a. a. O., 278.

[9] Ebd., 20: a. a. O., 267.

[10] Vgl. Zweites Vatikanisches Konzil, Pastoralkonstitution über die Kirche in der Welt von heute *Gaudium et spes,* 36; Paul VI., Apostolisches Schreiben *Octogesima adveniens* (14. Mai 1971), 4: AAS 63 (1971), 403–404; Johannes Paul II., Enzyklika *Centesimus annus* (1. Mai 1991), 43: AAS 83 (1991), 847.

[11] Paul VI., Enzyklika *Populorum progressio,* 13: a. a. O., 263–264.

[12] Vgl. Päpstlicher Rat für Gerechtigkeit und Frieden, *Kompendium der Soziallehre der Kirche,* Nr. 76.

[13] Vgl. Benedikt XVI., *Ansprache zur Eröffnung der V. Generalkonferenz der Bischofskonferenzen von Lateinamerika und der Karibik* (13. Mai 2007): Insegnamenti III, 1 (2007), 854–870.

[14] Vgl. Nrn. 3–5: a. a. O., 258–260.

[15] Vgl. Johannes Paul II., Enzyklika *Sollicitudo rei socialis* (30. Dezember 1987), 6–7: AAS 80 (1988), 517–519.

[16] Vgl. Paul VI., Enzyklika *Populorum progressio,* 14: a. a. O., 264.

[17] Benedikt XVI., Enzyklika *Deus caritas est* (25. Dezember 2005), 18: AAS 98 (2006), 232.

[18] Ebd., 6: a. a. O., 222.

[19] Vgl. Benedikt XVI., *Ansprache an die Mitglieder der Römischen Kurie beim Weihnachtsempfang* (22. Dezember 2005): Insegnamenti I (2005), 1023–1032.

[20] Vgl. Johannes Paul II., Enzyklika *Sollicitudo rei socialis,* 3: a. a. O., 515.

[21] Vgl. ebd., 1: a. a. O., 513–514.

[22] Vgl. ebd., 3: a. a. O., 515.

[23] Vgl. Johannes Paul II., Enzyklika *Laborem exercens* (14. September 1981), 3: AAS 73 (1981), 583–584.

[24] Vgl. ders., Enzyklika *Centesimus annus,* 3: a. a. O., 794–796.

[25] Vgl. Enzyklika *Populorum progressio,* 3: a. a. O., 258.

[26] Vgl. ebd., 34: a. a. O., 274.

[27] Vgl. Nrn. 8–9: AAS 60 (1968), 485–487; Benedikt XVI., *Ansprache an die Teilnehmer am Internationalen Kongreß der Päpstlichen Lateranuniversität anläßlich des 40. Jahrestags der Enzyklika „Humanae vitae“* (10. Mai 2008): Insegnamenti, IV, 1 (2008), 753–756.

[28] Vgl. Enzyklika *Evangelium vitae* (25. März 1995), Nr. 93: AAS 87 (1995), 507–508.

[29] Ebd., 101: a.a.O., 516–518.

[30] Nr. 29: AAS 68 (1976), 25.

[31] Ebd., 31: a.a.O., 26.

[32] Vgl. Johannes Paul II., Enzyklika *Sollicitudo rei socialis*, 41: a.a.O., 570–572.

[33] Vgl. ebd.; ders., Enzyklika *Centesimus annus*, 5.54: a.a.O., 799.859–860.

[34] Nr. 15: a.a.O., 491.

[35] Vgl. ebd, 2: a.a.O., 258; Leo XIII., Enzyklika *Rerum novarum* (15. Mai 1891): Leonis XIII P.M. Acta, XI, Romae 1892, 97–144; Johannes Paul II., Enzyklika *Sollicitudo rei socialis*, 8: a.a.O., 519–520; ders., Enzyklika *Centesimus annus*, 5: a.a.O., 799.

[36] Vgl. Enzyklika *Populorum progressio*, 2.13: a.a.O., 258. 263–264.

[37] Ebd., 42: a.a.O., 278.

[38] Ebd., 11: a.a.O., 262; Johannes Paul II., Enzyklika *Centesimus annus*, 25: a.a.O., 822–824.

[39] Enzyklika *Populorum progressio*, 15: a.a.O., 265.

[40] Ebd., 3: a.a.O., 258.

[41] Ebd., 6: a.a.O., 260.

[42] Ebd., 14: a.a.O., 264.

[43] Ebd.; vgl. Johannes Paul II., Enzyklika *Centesimus annus*, 53–62: a.a.O., 859–867; ders., Enzyklika *Redemptor hominis* (4. März 1979), 13–14: AAS 71 (1979), 282–286.

[44] Vgl. Paul VI., Enzyklika *Populorum progressio*, 12: a.a.O., 262–263.

[45] Zweites Vatikanisches Konzil, Pastoralkonstitution über die Kirche in der Welt von heute *Gaudium et spes*, 22.

[46] Paul VI., Enzyklika *Populorum progressio*, 13: a. a. O., 263–264.

[47] Vgl. Benedikt XVI., *Ansprache an die Teilnehmer des IV. Nationalen Kongresses der Kirche in Italien* (19. Oktober 2006): Insegnamenti II, 2 (2006), 465–477.

[48] Vgl. Paul VI., Enzyklika *Populorum progressio*, 16: a. a. O., 265.

[49] Ebd.

[50] Benedikt XVI., *Ansprache an die Jugendlichen am Barangaroo East Darling Harbour* (Sydney, 17. Juli 2008): L'Osservatore Romano (dt.), 38. Jg., Nr. 30/31, S. 10.

[51] Paul VI., Enzyklika *Populorum progressio*, 20: a. a. O., 267.

[52] Ebd., 66: a. a. O., 289–290.

[53] Ebd., 21: a. a. O., 267–268.

[54] Nrn. 3.29.32: a. a. O., 258.272.273.

[55] Vgl. Enzyklika *Sollicitudo rei socialis*, 28: a. a. O., 548–550.

[56] Paul VI., Enzyklika *Populorum progressio*, 9: a. a. O., 261–262.

[57] Vgl. Enzyklika *Sollicitudo rei socialis*, 20: a. a. O., 536–537.

[58] Vgl. Enzyklika *Centesimus annus*, 22–29: a. a. O., 819–830.

[59] Vgl. Nrn. 23.33: a. a. O., 268–269.273–274.

[60] Vgl. a. a. O., 135.

[61] Zweites Vatikanisches Konzil, Pastoralkonstitution über die Kirche in der Welt von heute *Gaudium et spes*, 63.

[62] Vgl. Johannes Paul II., Enzyklika *Centesimus annus*, 24: a. a. O., 821–822.

[63] Vgl. ders., Enzyklika *Veritatis splendor* (6. August 1993), 33.46.51: AAS 85 (1993), 1160.1169–1171.1174–1175; ders, *Ansprache an die UN-Vollversammlung zum 50. Jahrestag ihrer Gründung* (5. Oktober 1995), 3: Insegnamenti XVIII, 2 (1995), 732–733.

[64] Vgl. Enzyklika *Populorum progressio*, 47: a. a. O., 280–281; Johannes Paul II., Enzyklika *Sollicitudo rei socialis*, 42: a. a. O., 572–574.

[65] Vgl. Benedikt XVI., *Botschaft zum Welternährungstag 2007*: AAS 99 (2007), 933–935.

[66] Vgl. Johannes Paul II., Enzyklika *Evangelium vitae*, 18.59.63.64: a. a. O., 419–421.467–468.472–475.

[67] Vgl. Benedikt XVI., Botschaft zum *Weltfriedenstag 2007*, 5: Insegnamenti, II, 2 (2006), 778.

[68] Vgl. Johannes Paul II., *Botschaft zum Weltfriedenstag 2002*, 4–7.12–15: AAS 94 (2002), 134–136. 138–140; ders., *Botschaft zum Weltfriedenstag 2004*, 8: AAS 96 (2004), 119; ders., *Botschaft zum Weltfriedenstag 2005*, 4: AAS 97 (2005), 177–178; Benedikt XVI., *Botschaft zum Weltfriedenstag 2006*, 9–10: AAS 98 (2006), 60–61; ders., *Botschaft zum Weltfriedenstag 2007*, 5.14: a. a. O., 778.782–783.

[69] Vgl. Johannes Paul II., *Botschaft zum Weltfriedenstag 2002*, 6: a.a.O., 135; Benedikt XVI., *Botschaft zum Weltfriedenstag 2006*, 9–10: a. a. O., 60–61.

[70] Vgl. Benedikt XVI., *Homilie bei der Meßfeier auf dem „Islinger Feld" in Regensburg* (12. September 2006): Insegnamenti II, 2 (2006), 252–256.

[71] Vgl. ders., Enzyklika *Deus caritas est,* 1: a.a.O., 217–218.

[72] Johannes Paul II., Enzyklika *Sollicitudo rei socialis,* 28: a.a.O., 548–550.

[73] Paul VI., Enzyklika *Populorum progressio,* 19: a.a.O., 266–267.

[74] Ebd., 39: a.a.O., 276–277.

[75] Ebd., 75: a.a.O., 293–294.

[76] Vgl. Benedikt XVI., Enzyklika *Deus caritas est,* 28: a.a.O., 238–240.

[77] Johannes Paul II., Enzyklika *Centesimus annus,* 59: a.a.O., 864.

[78] Vgl. Enzyklika *Populorum progressio,* 40.85: a.a.O., 277.298–299.

[79] Ebd., 13: a.a.O., 263–264.

[80] Vgl. Johannes Paul II., Enzyklika *Fides et ratio* (14. September 1998), 85: AAS 91 (1999), 72–73.

[81] Vgl. ebd., 83: a.a.O., 70–71.

[82] Benedikt XVI., *Vorlesung in der Universität Regensburg* (12. September 2006): Insegnamenti II, 2 (2006), 265.

[83] Vgl. Paul VI., Enzyklika *Populorum progressio,* 33: a.a.O., 273–274.

[84] Johannes Paul II., *Botschaft zum Weltfriedenstag 2000,* 15: AAS 92 (2000), 366.

[85] *Katechismus der Katholischen Kirche,* Nr. 407; vgl. Johannes Paul II., Enzyklika *Centesimus annus,* 25: a.a.O., 822–824.

[86] Vgl. Nr. 17: AAS 99 (2007), 1000.

[87] Vgl. ebd., 23: a. a. O., 1004–1005.

[88] Der hl. Augustinus behandelt diese Lehre ausführlich im Dialog über den freien Willen (*De libero arbitrio* II 3,8ff). Er spricht von einem „inneren Sinn", der in der menschlichen Seele existiert. Dieser Sinn besteht in einem Akt, der außerhalb der normalen Funktionen der Vernunft vollzogen wird, ein unreflektierter und gleichsam instinktiver Akt, durch den die Vernunft, indem sie sich ihrer vergänglichen und fehlbaren Verfaßtheit bewußt wird, über sich die Existenz von etwas Ewigem, absolut Wahrem und Gewissem annimmt. Der hl. Augustinus nennt diese innere Wahrheit manchmal Gott (*Bekenntnisse* X,24,35; XII,25,35; *De libero arbitrio* II 3,8) und häufiger Christus (*De magistro* 11,38; *Bekenntnisse* VII,18,24; XI,2,4).

[89] Benedikt XVI., Enzyklika *Deus caritas est,* 3: a. a. O., 219.

[90] Vgl. Nr. 49: a. a. O., 281.

[91] Johannes Paul II., Enzyklika *Centesimus annus,* 28: a. a. O., 827–828.

[92] Vgl. Nr. 35: a. a. O., 836–838.

[93] Vgl. Johannes Paul II., Enzyklika *Sollicitudo rei socialis,* 38: a. a. O., 565–566.

[94] Nr. 44: a. a. O., 279.

[95] Vgl. ebd., 24: a. a. O., 269.

[96] Vgl. Enzyklika *Centesimus annus,* 36: a. a. O., 838–840.

[97] Vgl. Paul VI., Enzyklika *Populorum progressio,* 24: a. a. O., 269.

[98] Vgl. Johannes Paul II., Enzyklika *Centesimus annus,* 32: a. a. O., 832–833; Paul VI., Enzyklika *Populorum progressio,* 25: a. a. O., 269–270.

[99] Johannes Paul II., Enzyklika *Laborem exercens,* 24: a. a. O., 637–638.

[100] Ebd., 15: a. a. O., 616–618.

[101] Enzyklika *Populorum progressio,* 27: a. a. O., 271.

[102] Vgl. Kongregation für die Glaubenslehre, Instruktion über die christliche Freiheit und die Befreiung *Libertatis conscientia* (22. März 1986), 74: AAS 79 (1987), 587.

[103] Vgl. Johannes Paul II., *Interview mit der katholischen Tageszeitung „La Croix"* vom 20. August 1997.

[104] Johannes Paul II., *Ansprache an die Päpstliche Akademie der Sozialwissenschaften* (27. April 2001): Insegnamenti, XXIV, 1 (2001), 800.

[105] Paul VI., Enzyklika *Populorum progressio,* 17: a. a. O., 265–266.

[106] Vgl. Johannes Paul II., *Botschaft zum Weltfriedenstag 2003,* 5: AAS 95 (2003), 343.

[107] Vgl. ebd.

[108] Vgl. Benedikt XVI., *Botschaft zum Weltfriedenstag 2007,* 13: a. a. O., 781–782.

[109] Paul VI., Enzyklika *Populorum progressio,* 65: a. a. O., 289.

[110] Ebd., 36–37: a. a. O., 275–276.

[111] Vgl. ebd., 37: a. a. O., 275–276.

[112] Vgl. Zweites Vatikanisches Konzil, Dekret über das Laienapostolat *Apostolicam actuositatem,* 11.

[113] Vgl. Paul VI., Enzyklika *Populorum progressio,* 14: a. a. O., 264; Johannes Paul II., Enzyklika *Centesimus annus,* 32: a. a. O., 832–833.

[114] Paul VI., Enzyklika *Populorum progressio,* 77: a. a. O., 295.

[115] Johannes Paul II., *Botschaft zum Weltfriedenstag 1990*, 6: AAS 82 (1990), 150.

[116] Heraklit von Ephesus (ca. 535–475 v. Chr.), Fragment 22B124, in: H. Diehls – W. Kranz, *Die Fragmente der Vorsokratiker*, Weidmann, Berlin [6]1952.

[117] Vgl. Päpstlicher Rat für Gerechtigkeit und Frieden, *Kompendium der Soziallehre der Kirche*, Nrn. 451–487.

[118] Vgl. Johannes Paul II., *Botschaft zum Weltfriedenstag 1990*, 10: AAS 82 (1990), 152–153.

[119] Paul VI., Enzyklika *Populorum progressio*, 65: a. a. O., 289.

[120] Benedikt XVI., *Botschaft zum Weltfriedenstag 2008*, 7: AAS 100 (2008), 41.

[121] Vgl. Benedikt XVI., *Ansprache an die Mitglieder der UN-Vollversammlung* (18. April 2008): Insegnamenti IV, 1 (2008), 618–626.

[122] Vgl. Johannes Paul II., *Botschaft zum Weltfriedenstag 1990*, 13: a. a. O., 154–155.

[123] Ders., Enzyklika *Centesimus annus*, 36: a. a. O., 838–840.

[124] Ebd., 38: a. a. O., 840–841; Benedikt XVI., *Botschaft zum Weltfriedenstag 2007*, 8: a. a. O., 779.

[125] Vgl. Johannes Paul II., Enzyklika *Centesimus annus*, 41: a. a. O., 843–845.

[126] Vgl. ebd.

[127] Vgl. Johannes Paul II., Enzyklika *Evangelium vitae*, 20: a. a. O., 422–424.

[128] Enzyklika *Populorum progressio*, 85: a. a. O., 298–299.

[129] Vgl. Johannes Paul II., *Botschaft zum Weltfriedenstag 1998*, 3: AAS 90 (1998), 150; ders., *Ansprache an*

die Mitglieder der Stiftung „Centesimus annus" (9. Mai 1998), 2: Insegnamenti XXI, 1 (1998), 873–874; ders., *Ansprache bei der Begegnung mit den Autoritäten und dem Diplomatischen Corps in der Wiener Hofburg* (20. Juni 1998), 8: Insegnamenti XXI, 1 (1998), 1435–1436; ders., *Botschaft an den Rektor Magnificus der Katholischen Universität Sacro Cuore anläßlich des jährlichen Tags der Universität* (5. Mai 2000), 6: Insegnamenti XXIII, 1 (2000), 759–760.

[130] Nach Thomas von Aquin: „ratio partis contrariatur rationi personae", in: III *Sent.* d. 5,3,2; auch: „Homo non ordinatur ad communitatem politicam secundum se totum et secundum omnia sua", in: *Summa Theologiae* I-II, q. 21, a. 4, ad 3.

[131] Vgl. Zweites Vatikanisches Konzil, Dogmatische Konstitution *Lumen gentium*, 1.

[132] Vgl. Johannes Paul II., *Ansprache an die Öffentliche Sitzung der Päpstlichen Akademie für Theologie und der Päpstlichen Akademie des heiligen Thomas von Aquin* (8. November 2001), 3: Insegnamenti XXIV, 2 (2001), 676–677.

[133] Vgl. Kongregation für die Glaubenslehre, Erklärung über die Einzigkeit und Heilsuniversalität Jesu Christi und der Kirche *Dominus Jesus* (6. August 2000), 22: AAS 92 (2000), 763–764; dies., *Lehrmäßige Note zu einigen Fragen über den Einsatz und das Verhalten der Katholiken im politischen Leben* (24. November 2002), 8: AAS 96 (2004), 369–370.

[134] Vgl. Benedikt XVI., Enzyklika *Spe salvi*, 31: a. a. O., 1010; ders., *Ansprache an die Teilnehmer des*

IV. Nationalen Kongresses der Kirche in Italien (19. Oktober 2006), a.a.O., 465–477.

[135] Johannes Paul II., Enzyklika *Centesimus annus,* 5: a.a.O., 798–800; vgl. Benedikt XVI., *Ansprache an die Teilnehmer des IV. Nationalen Kongresses der Kirche in Italien* (19. Oktober 2006), a.a.O., 471.

[136] Nr. 12.

[137] Vgl. Pius XI., Enzyklika *Quadragesimo anno* (15. Mai 1931), AAS 23 (1931), 203; Johannes Paul II., Enzyklika *Centesimus annus,* 48: a.a.O., 852–854; *Katechismus der Katholischen Kirche,* Nr. 1883.

[138] Vgl. Johannes XXIII., Enzyklika *Pacem in terris:* a.a.O., 274.

[139] Vgl. Paul VI., Enzyklika *Populorum progressio,* 10.41; a.a.O., 262.277–278.

[140] Vgl. Benedikt XVI., *Ansprache an die Mitglieder der Internationalen Theologenkommission* (5. Oktober 2007): Insegnamenti, III, 2 (2007), 418–421; ders., *Ansprache an die Teilnehmer am von der Päpstlichen Lateranuniversität veranstalteten Internationalen Kongreß über das „Naturrecht"* (12. Februar 2007): Insegnamenti, III, 1 (2007), 209–212.

[141] Vgl. Benedikt XVI., *Ansprache an die Bischöfe der Thailändischen Bischofskonferenz beim Adlimina-Besuch* (16. Mai 2008): Insegnamenti , IV, 1 (2008), 798–801.

[142] Vgl. Päpstlicher Rat der Seelsorge für die Migranten und die Menschen unterwegs, Instruktion *Erga migrantes caritas Christi* (3. Mai 2004): AAS 96 (2004), 762–822.

[143] Johannes Paul II., Enzyklika *Laborem exercens,* 8: a.a.O., 594–598.

[144] *Ansprache am Ende der Eucharistiefeier anläßlich des Jubiläums der Arbeiter* (1. Mai 2000): Insegamenti XXIII, 1 (2000), 720.

[145] Vgl. Johannes Paul II., Enzyklika *Centesimus annus*, 36: a. a. O., 838–840.

[146] Vgl. Benedikt XVI., *Ansprache an die Mitglieder der UN-Vollversammlung* (18. April 2008): a. a. O., 618–626.

[147] Vgl. Johannes XXIII., Enzyklika *Pacem in terris*: a. a. O., 293; Päpstlicher Rat für Gerechtigkeit und Frieden, *Kompendium der Soziallehre der Kirche*, Nr. 441.

[148] Vgl. Zweites Vatikanisches Konzil, Pastoralkonstitution über die Kirche in der Welt von heute *Gaudium et spes*, 82.

[149] Vgl. Johannes Paul II., Enzyklika *Sollicitudo rei socialis*, 43: a. a. O., 574–575.

[150] Paul VI., Enzyklika *Populorum progressio*, 41: a. a. O., 277–278; vgl. Zweites Vatikanisches Konzil, Pastoralkonstitution über die Kirche in der Welt von heute *Gaudium et spes*, 57.

[151] Vgl. Johannes Paul II., Enzyklika *Laborem exercens*, 5: a. a. O., 586–589.

[152] Vgl. Paul VI., Apostolisches Schreiben *Octogesima adveniens*, 29: a. a. O., 420.

[153] Vgl. Benedikt XVI., *Ansprache an die Teilnehmer des IV. Nationalen Kongresses der Kirche in Italien* (19. Oktober 2006): a. a. O., 465–477; ders., *Homilie bei der Meßfeier auf dem „Islinger Feld" in Regensburg* (12. September 2006): a. a. O., 252–256.

[154] Vgl. Kongregation für die Glaubenslehre, Instruktion über einige Fragen der Bioethik *Dignitas personae* (8. September 2008): AAS 100 (2008), 858–887.

[155] Vgl. Enzyklika *Populorum progressio,* 3: a. a. O., 258.

[156] Zweites Vatikanisches Konzil, Pastoralkonstitution über die Kirche in der Welt von heute *Gaudium et spes,* 14.

[157] Vgl. Nr. 42: a. a. O., 278.

[158] Vgl. Benedikt XVI., Enzyklika *Spe salvi,* 35: a. a. O., 1013–1014.

[159] Paul VI., Enzyklika *Populorum progressio,* 42: a. a. O., 278.

ISBN 978-3-86744-073-8
gebunden, 144 Seiten